やさしく編んで、上手に着こなす

# かぎ針編みの春夏ニット

## CROCHET KNIT

SPRING & SUMMER

成美堂出版

# CONTENTS

## ■ EASY STRAIGHT KNIT

## ■ MOTIF CONNECTIONS KNIT

## ■ REPEATING PATTERN KNIT

## ■ STYLISH KINT

## ■ PRROCESS YOKE SWITCHING PULL

## ■ PROCESS MOTIF CONNECTION PULL

# 増減なしで編める
# かんたんまっすぐ編みのニット

no. 1

シャープな透かし模様と都会的な
ナチュラル感が魅力の生成りのプル。
組み合わせるインナーの色合いで印
象が変わります。糸はさわやかな肌
ざわりが特徴のコットンリリヤーン。

**デザイン**＿風工房
**使用糸**＿ダイヤモンド毛糸　ダイヤシエロ

how to make ▶ 49ページ

no. 2

鮮やかシックなワインレッドの色合いに惹かれるプル。ゆったりとした身幅とドロップショルダーの着やすいシルエット。なにより初心者に編みやすい、まっすぐ編みです。

デザイン＿風工房
使用糸＿ダイヤモンド毛糸　ダイヤシエロ
how to make ▶ 49ページ

no. 3　　シャープな透かしのストライプ模様をヨークは横編みにして
編み方向による印象の違いを生かしたデザイン。ナチュラル感
が漂う茶色の糸は、微妙な色変化が持ち味の段染めです。

デザイン_河合真弓
使用糸_オリムパス　クラリス

how to make　▶58ページ

how to make ▶ 58ページ

## no. 4

身幅の広い長方形シルエットのプル。着心地ゆったりで涼しさ満点。長編みと鎖編みベースのかんたん編み地も魅力です。糸は素肌に心地いいコットンスラブヤーン。

デザイン_ 河合真弓

# no. 5

大人カジュアルに似合うピン
ク×茶色のミックスヤーンが、
編み地をより複雑で豪華な印象
に仕上げている一枚。ヨークと
袖には優しげな花模様を配して
かわいさをプラス。

デザイン_河合真弓

how to make ▶ 52ページ

詳しい
編み方
▼▼▼
p.14

no. 6

可憐な花模様とシャープな幾何学模様を、身頃はたて、ヨーク
は横編みにして切り替えた増減なしで編めるプル。インナーを
組み合わせてレイヤードベストとして着ても素敵です。

デザイン＿河合真弓
使用糸＿オリムパス　さらら

how to make　▶ 52ページ

no. 7

疑麻加工をほどこした、小物によく使われる綿100％のサラッとした風合いの糸を生かして、さわやかな肌ざりのナチュラルプルに。長々編みと細編みのくり返しで編めるかんたん編み地も魅力です。

デザイン＿ 風工房
使用糸＿オリムパス　シャポット
how to make ▶ 56ページ

no. 8

作品7の色違い。マットな風合いの鮮やかな
イエローでポップなカジュアルプルに。涼し
げなスクエアネックも新鮮です。編み地で表現
したソフトなボーダー模様も夏におすすめ。

デザイン＿ 風工房
使用糸＿オリムパス　シャポット
how to make　▶56ページ

## no. 9

可憐でシャープなブロック模様と着やすいプレーンシルエットが魅力のプル。個性的で美しい色調のロングピッチ段染めを使用。

**デザイン_** 細野雅子

how to make ▶ 61ページ

脇ベルトで前後をつなぐフリーサイズベスト。組み合わせやすいナチュラルベージュの段染め糸をセレクト。着こなしの楽しさが広がる一枚です。

デザイン＿細野雅子
使用糸＿ユザワヤ　ワンダーコットン

how to make ▶ 61ページ

no. 10

# まっすぐ編みのヨーク切り替えプル

■ 本書9ページ、作品6の詳しい編み方を解説します。製図は52ページにあります。

■ 作品に使用した糸はオリムパス さららですが、プロセスではオリムパス コットンノービアにかえて編んでいます。またポイントでは別色を使用しています。

guidance _ 河合真弓

## no. 6

※ 糸のかけ方と針の入れ方は、写真のほか「編み目記号と基礎」（P.106〜111）も併せて参照してください。

### ■ 用具をそろえる

1. 5/0号かぎ針
2. とじ針（糸始末用）
3. はさみ
4. マーカー（糸印のかわりにあると便利）
5. 待ち針（身頃とヨークの仮どめ用）

## 1 後ろ、前身頃を編む

**目を作る** | 鎖編みの作り目 ▶ (P.106)

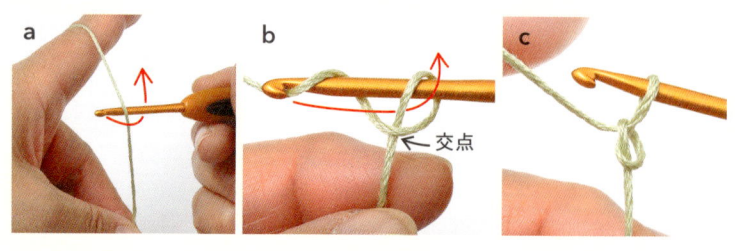

**1**

左手に糸をかけ、かぎ針を糸の向こう側におきます。針を手前に引き、矢印のように回して輪を作ります（**a**）。交点を中指と親指で押さえ、針に糸をかけて引き出します（**b**）。作り目ができました（**c**）。

※写真では糸が見やすいように交差から指を外しています。

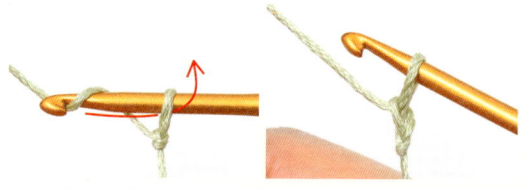

**2**（**c**）でできた目は1目と数えません。もう一度針に糸をかけて引き出します。この鎖編みが1目になります。

**3**

2をくり返して鎖の目を123目作ります。

## A模様で脇たけを編む｜長編み▶（P.106）、長編み2目、長編み2目一度▶（P.107）

※同形を2枚編む

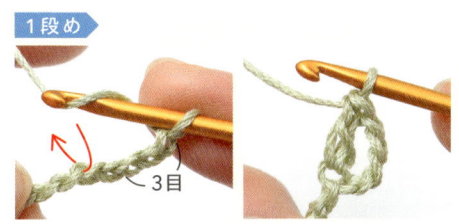

**1段め**

**1** 立ち上がりの鎖3目を編みます。この3目は長編み1目と数えます。針に糸をかけ、1目とばして5目めの裏山に針を入れて長編みを編みます。

**2** 鎖の全目に長編みを編みます。長編み5目が編めたところ。

---

**3** 最後まで編めたら2段めの立ち上がりの鎖3目を編みます。矢印の向きに編み地を回します。

**2段め**

**4** 2目めに長編みを編み（**a**）、鎖1目を編みます（**b**）。長編みを編んだ目と同じ位置に針を入れて長編みを編みます（**c**）。

---

**5** 1目に長編み、鎖1目、長編みの3目を編み出しました。次は2目とばして長編み5目を編みます（**a**）。長編み5目を編んだところ（**b**）。

**6** 2目とばして**4**と同様に編み、さらに鎖1目、同じ位置に長編み1目を編みます。

**7** 2目とばして長編み5目を編みます。

---

**8** **6・7**をくり返して編み進めます。

**3段め**

**9** 立ち上がりの鎖3目を編み、針に糸をかけて2目めから糸を引き出します（**a**）。もう一度針に糸をかけ、2ループを引き抜いて未完成の長編みを編みます。1目とばして針に糸をかけて糸を引き出し（**b**）、2ループを引き抜いて未完成の長編みが編めたところ（**c**）。

---

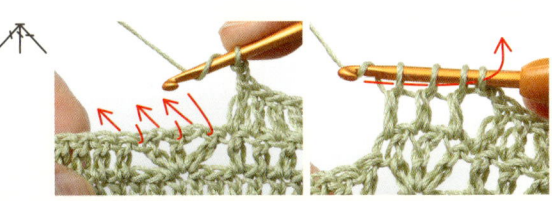

**10** **9**（**c**）の3ループを一度に引き抜いて長編み2目一度ができました。

**11** 鎖2目編み、次の目から長編み5目を編みます。

**12** 鎖2目編み、次に長編み3目一度を編みます。長編みの頭に**9**と同様に未完成の長編みを3目編み、針にかかっている4ループを引き抜きます。

**13** 長編み3目一度が編めました。

**14** 鎖2目を編み、長編み5目を編みます。12・14をくり返します。

**15** 2模様編んだところ。この段が編み終わったら、長編み2段を編みます。

**16** 6・7段めは半模様ずらして同様に編み、8段1模様をくり返して28段まで編みます。写真は12段まで編んだところとA模様のアップ。

## 2 後ろ・前ヨークを編む

### 袖あきからB模様で横編みに編む

細編み ▶（P.106）、長々編み ▶（P.107）

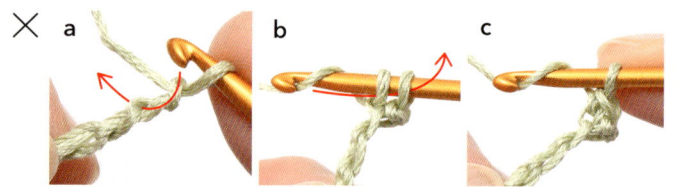

× a   b   c

**1** 鎖編みの作り目で87目作り、立ち上がりの鎖1目を編みます（1目と数えません）。鎖2目めの裏山に針を入れて（**a**）糸を引き出します。針に糸をかけて2ループを引き抜いて（**b**）、細編みが編めました（**c**）。

**2** 鎖3目を編み、1目とばした位置に細編み1目を編みます。続けて鎖4目を編みます。

`2段め`

**3** 細編み1目と2をくり返して編みます。

**4** 立ち上がりの鎖2目と鎖1目の3目を編み、前段の鎖の空間に針を入れて細編みを編みます。さらに鎖3目を編み、次の空間にも細編みを編みます。

**5** 鎖3目を編んで針に糸をかけ、前段の鎖の空間に針を入れます。

**6** 未完成の長編み2目を編みます。針にかかっている3ループを一度に引き抜き、長編み2目の玉編みを編みます。

**7** 鎖3目を編み、同じ空間に長編み、鎖3目、長編み2目の玉編みを編みます。続けて鎖3目、次の空間に細編みを編み、記号図どおりにくり返して編み進めます。

**8** 立ち上がりの鎖1目、細編み1目、鎖3目、細編み1目の次に、空間に針を入れて長編み3目を編みます（**a**）。前段の玉編みの頭に長編みを編みます（**b**）。

**9** 次の空間に長編み3目を編みます。

**10** 同じ空間に鎖3目、細編み1目を編みます。

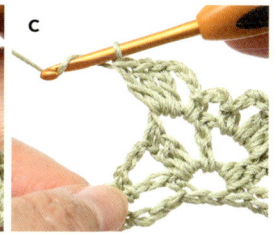

**11** 鎖3目を編み（**a**）、次の空間に細編み1目と鎖3目を編み（**b**）、長編み3目を同じ空間に編みます（**c**）。記号図どおり編み進めます。

**12** 3段めまで編めたところ。右は編み地のアップ写真。

**13** 立ち上がりの鎖4目と長編みを編み、次に前段の長編み4目めの頭に未完成の長編みを2目編みます。針にかかっている3ループを引き抜きます。

**14** 長編みの頭に長編み2目の玉編みが編めました。

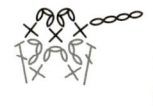

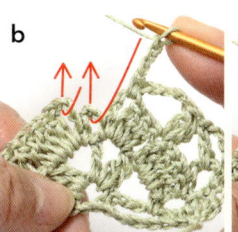

**15** 鎖4目を編み、次の空間に細編み1目を編みます（**a**）。鎖3目、細編み1目を矢印の位置にそれぞれ編みます（**b**）。**a**・**b**が編めたところ（**c**）。

**16** 記号図どおりに編み進めます。

**17** 編み終わりの長々編みは、針に2回糸をかけ、前段の細編みの頭に針を入れて糸を引き出し、針に糸をかけて2ループを引き抜きます。

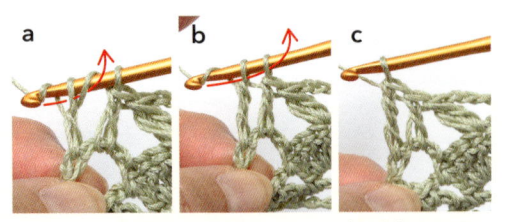

**18** 2ループずつあと2回引き抜いて（**a・b**）長々編みが編めたところ（**c**）。

えりぐり端 ↓
前　　後ろ
袖あき側

**19** 同じ要領で19段まで編みます。次は前後ヨークを前と後ろに分けて編み、えりぐりを作ります。19段に続けて前ヨークから編みます。

## えりぐりを編む

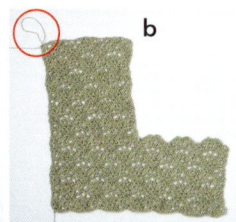

**1** 前ヨーク側3模様を4段めまで編んだところ（**a**）。26段まで編めたら目を休めますが、ほどけないように目を大きく引き伸ばしておきます（**b**赤丸）。次に後ろヨーク側を編みます。

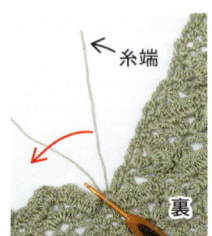

← 糸端
裏

**2** 編み地の裏側中央に新たな糸をつけ、糸端を長いほうの糸に交差させます。

**3** 交差させた状態で立ち上がりの鎖4目を編みます。交差することで糸端が編み包まれ、根元が緩みにくくなります。

**4** 1段めの途中まで編んだところ。

**5** 26段まで編み進めます。

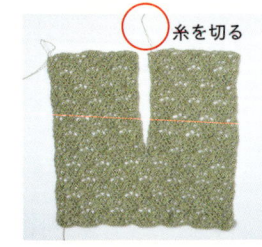

糸を切る

**6** 26段まで編めたら糸を切り、目に糸端を通して引き締めます。えりぐりが編めました。次は前と後ろを一緒に編みます。

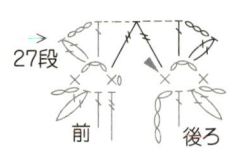

27段
前　　後ろ

**27段め**

後ろ　　前

**7** 休めていた糸で（1-**b**）編み始め、前側最後の目を長々編みの完成1回手前まで編みます。

**8** 針に2回糸をかけ、後ろ側の細編みの頭に針を入れて長々編みを完成1回手前まで編み、針にかかっている3ループを一度に引き抜きます。

**9** 長々編み2目一度が編め、前と後ろのヨークがつながりました。

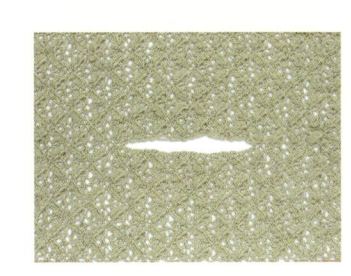

**10** 前後続けて19段編み、ヨークは完成です。

## 3 身頃とヨークをはぐ

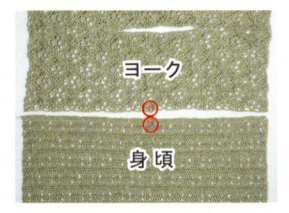

ヨーク
身頃

**1** 身頃とヨークの中央にそれぞれマーカーをつけます。

**2** 身頃とヨークを中表に合わせます。身頃を手前にし、両端と中央を合わせて待ち針でとめてから間をとめます。

**3** 身頃の目とヨークに真っすぐ針を入れて糸を引き出し、細編みを編みます。
※ヨークは拾う段を気にせず、真っすぐに針を入れて拾います。

**4** 身頃の目数123目を細編みではぎ合わせます。

**5** 身頃とヨークがつながりました。

▲つなぎ目の表側　　▲つなぎ目の裏側

**6** もう一枚の身頃も同様につなぎます（写真は裏側から見たところ）。

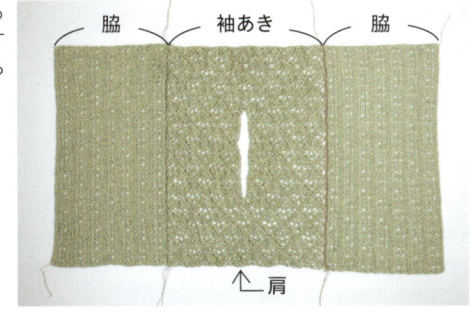

脇　　袖あき　　脇
↑肩

## 4 脇をとじる

鎖とじ ▶ (P.109)

**1** 身頃の脇を中表に合わせて持ち、作り目どうしに針を入れて糸を引き出します。糸をかけて引き抜いて鎖2目を編みます。

**2** 長編みの頭と立ち上がりの鎖の目に針を入れて引き抜き編みをします。

3 鎖2目と引き抜き編みをくり返してとじていきます。写真右は表から見たところ。

4 身頃つけどまりまでとじ、脇がとじ合わせられました。

裏

5 裾を編む

うね編み ▶（P.107）

**1段め**

1 1段めは前後続けて全目を拾って細編みを編みます。

2 1段めの編み終わりは、1目めの頭2本に針を入れて引き抜きます。

**2段め**

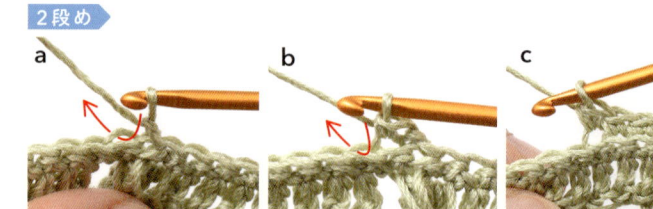

a b c

3 編み地を裏に返し、立ち上がりの鎖1目を編みます。前段細編みの頭の向こう側半目を拾って（aの矢印）細編みを編みます。続けて向こう側半目を拾って（bの矢印）細編みで編み進めます（c）。

**3段め**

4 2段めの編み終わりも同様に半目を引き抜き、編み地を表に返し、立ち上がりの鎖1目を編んで向こう側半目を拾って細編みを編みます。

**4段め**

5 4段めも同様に編み、編み終わったところ。次に編み始めと終わりをつなぎます。

6 糸を15cm位残して切り、とじ針に糸端を通して2目めの頭2本をすくいます。

7 続けて最後の目に6の矢印のように針を入れて糸を軽く引きます。

8 編み始めと終わりがつながりました。次は糸始末をします。

9 編み地裏側にとじ針をくぐらせます。

10 数目戻して通し、糸を抜けにくくします。

11 糸端を切ります。

12 うね編みのアップ写真。

\ 完成！ /

13 残っている糸端の始末をして形を整えます。

# 「かんたんなサイズ調整の仕方」

作品の製図サイズを大きくしたり小さくしたい場合は、表示の身頃や袖幅を製図上で計算し直したり、1模様の目数を調整して変更しますが、それは少しテクニックが必要になります。指定のサイズよりワンランクから2サイズくらいまでなら、糸と針だけを変えて調整する方法をおすすめします。これなら初心者でもかんたん。下記の編み地の大きさの違いを参考にしてください。

## ■ 針の太さで調整する

4/0号針　　　6/0号針　　　8/0号針

糸は同じで、針の太さを前後2号を限度にかえるだけでサイズ調整ができます。サイズを大きくしたいときは表示より太い針、小さくしたいときは細い針で編みます。

※ 左の3点の編み地は、同じ目数段数で針の号数をかえて編んでいますが、ご覧のように仕上がりサイズが変わります。

## ■ 糸の太さで調整する

合太　　　　並太　　　　極太

糸の太さを変えるだけでもサイズ調整ができます。作品に表示してある糸の太さ（中細・並太タイプなど）とゲージを目安に糸を選びます。サイズを大きくしたいときは太め、サイズを小さくしたいときは細めの糸を使用し、針は糸に合わせた号数を選びます。

※ 左の3点の編み地は、同じ目数段数で糸の太さをかえて編んでいますが、ご覧のように仕上がりサイズが変わります。

## ■ 針の太さ、糸の太さで調整した編み地3タイプ

（並太タイプ）　　　　　　　（中細タイプ）

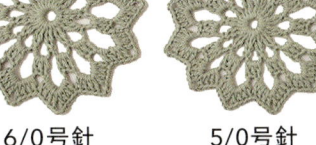 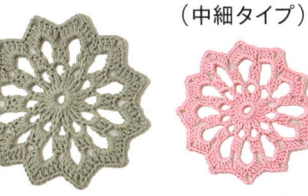

6/0号針　　　5/0号針　　　3/0号針

同じモチーフ柄を糸の太さ、針の太さを変えて調整してみた編み地です。

※ 糸と針だけをかえてサイズ調整する方法の注意点は、それぞれ全体的に寸法が変わってくるので、身幅、着たけ、袖たけの仕上がり寸法に注意してください。

# フェミニン vs. シャープ
# 人気のモチーフつなぎ
MOTIF CONNECTIONS KNIT

no. 11

ペールトーンのさわやかな色合いの段染め糸で、
三つボタンどめのカーディガンに。段染め糸使用の
モチーフつなぎは、色取りどりのモチーフが自然に
仕上がり、編んでいるときの楽しさは格別です。

デザイン＿ 風工房
how to make ▶ 66 ページ

no. 12

ビスチェ風のロングベスト。
モチーフつなぎだけのショー
トたけにアレンジしてもいい
でしょう。着たけは自由に調
整してください。糸はキュー
トな色の段染糸を使用。

デザイン_ 風工房
how to make ▶ 66ページ

直線の広い身幅とナチュラ
ルカラーのセレクトが都会的
な雰囲気のレイヤードプル。
ダイナミックに咲く大輪のス
クエアモチーフをダイヤ形に
つないでいます。

デザイン＿河合真弓
使用糸＿ダイヤモンド毛糸
　　　　ダイヤコスタファイン

how to make ▶ 70ページ

詳しい
編み方
▼▼▼
p.30

no. 13

スタイリッシュな黒のチュニック。ヨーク部分に花モチーフを配した切り替えのデザインが、シックな黒にキュートな甘さを添えています。切り替え下の身頃もかんたんまっすぐ編みです。

**デザイン_ 河合真弓**

how to make ▶ 70ページ

no. 14

# つなぎ方で印象が変わる「モチーフつなぎ」

## ■ 四角くつなぐ

no. 15

　スクエアモチーフをシンプルに四角くつないだ
ベスト。モチーフつなぎは、つなぎ方や配色の仕方
により、印象がまったく変わる応用範囲の広さが魅
力。なん枚編んでも飽きないテクニックです。

デザイン_ 河合真弓

how to make ▶ 74ページ

◆ ダイヤにつなぐ

no. 16

作品15と同じスクエアモチーフをダイヤ形につないだプル。ベースの糸は白黒のミックス、つなぐ段を黒の単色糸で強調したシャープなデザイン。同じモチーフ柄とは思えない印象に仕上がります。

デザイン_ 河合真弓

how to make ▶ 74ページ

◆ ダイヤにつなぐ

no. 17

　ピンク×生成りのフェミニンな2色使いのモチーフをダイヤ形につなぎました。作品15〜18は同じモチーフ柄ですが、2色使うだけでワンランク上の作品に見えるから不思議です。

デザイン_ 河合真弓
how to make ▶ 74ページ

■ 四角くつなぐ

no. 18

おしゃれなワイン色の単色でモチーフを四角くつないだ半袖プル。基本モチーフの連続編みだから、要領さえ覚えれば意外とかんたん。糸は素肌に心地いいコットンストレートヤーン使用。

デザイン＿ 河合真弓
how to make ▶ 74ページ

# モチーフつなぎのかんたんプル

■ 本書24ページ、作品13の詳しい編み方を解説します。製図は70ページにあります。

■ 作品、プロセスともに糸はダイヤモンド毛糸　ダイヤコスタファインで編んでいます。
また、ポイントには別色も使用しています。

guidance _ 河合真弓

## no.13

※ 糸のかけ方と針の入れ方は、写真のほか「編み目記号と基礎」（P.106〜111）
も併せて参照してください。

■ 用具をそろえる

1 4/0号かぎ針

2 とじ針（糸端の始末などに）

3 はさみ

---

## 1 Aモチーフを編む（身頃）

### 糸輪の作り目、長編み ▶（P.106）

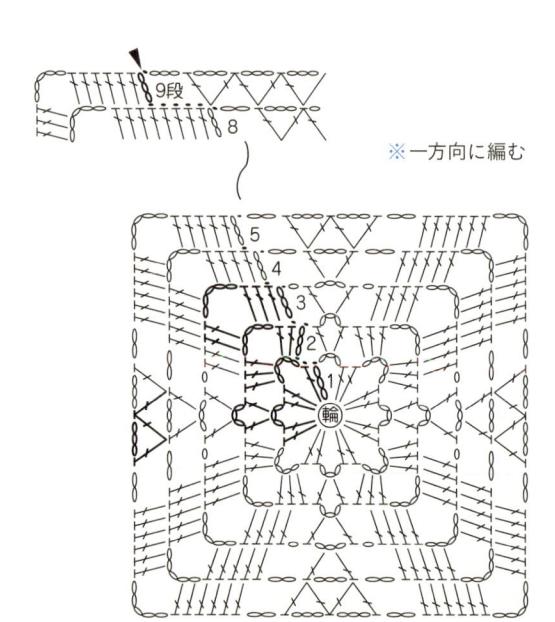

※一方向に編む

1段め ▶

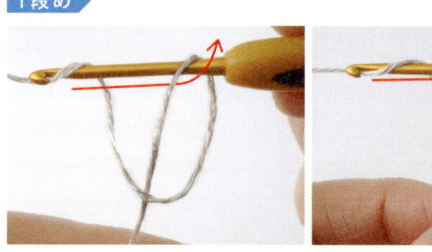

1 糸輪を作り、糸の交点を左親指と中指で押さえ（写真右）、
針に糸をかけて引き抜くことを3回くり返します。

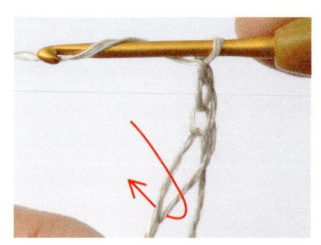

2 立ち上がりの鎖3目を編んだら針に糸をかけ、糸輪の中に入れます。

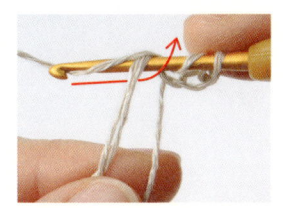
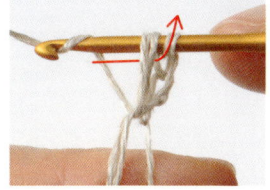
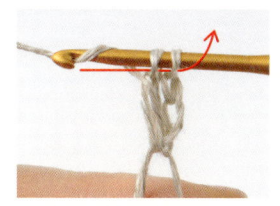
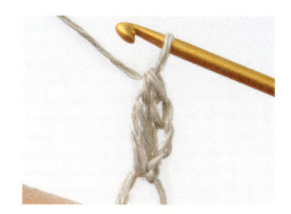

**3** 針に糸をかけて引き出します。

**4** 針に糸をかけ、針にかかっている2ループを引き抜きます。

**5** さらに針に糸をかけ、もう一度2ループを引き抜きます。

**6** 長編み1目が編めました。

**7** 次に鎖5目を編みます。

**8** 続けて長編み2目・鎖3目・長編み2目と編み進め、記号図どおりに一周します。

**9** 編み終わりは、立ち上がりの鎖3目めに引き抜きます。
※2段め以降も編み終わり方は同じです。

**10** 編み始めの糸端を引き、中央の輪を締めます。

**11** 1段めが編めました。鎖5目のところが角になり、四角い形になります。

2段め

**12** 2段めの立ち上がりの位置まで移動します。まず、前段の長編みの頭に針を入れて引き抜きます。

**13** 続けて前段の鎖5目のループをすくい、引き抜きます。

**14** 鎖3目で立ち上がり、2段めを編み始めます。

**15** 針に糸をかけ、前段の鎖5目に矢印のように針を入れ、長編みを2目編み入れます。

**16** 続けて鎖5目を編み、針に糸をかけます。

**17** 再び15の要領で長編みを3目編み入れます。

18 次は前段の鎖3目のループをすくい「長編み1目・鎖3目・長編み1目」を編み入れます。

19 以上をくり返し、記号図どおりに1周します。2段めが編めました。

20 2段めと同様に前段の長編みに引き抜き、鎖3目で立ち上がります。

21 次に前段の長編みの頭に針を入れ、長編みを編みます。

22 角は前段の鎖5目のループをすくい「長編み2目・鎖5目・長編み2目」を編み入れます。長編みの頭2目から長編み2目を編みます。

23 続けて記号図どおりに1周します。3段めが編めました（写真右）。

24 3段めの要領で編みます。

5段め以降は、1段めから続く「長編み1目・鎖3目・長編み1目」の所でも目を増します。

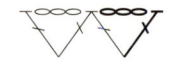

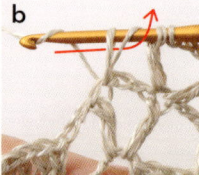
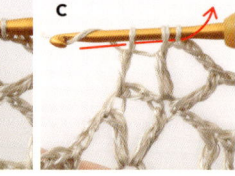

a b c

25 4段めと同じ要領で編み進み、左の記号図の太線の長編み・鎖3目まで編みます。

26 次に長編み2目一度を編みます。まず25と同じところに途中までの長編み（2〜4）を編みます（a）。そのまま次の長編みも途中までの長編みを編み（b）、針にかかった3ループを一度に引き抜きます（c）。

27 長編みの頭がひとつになり、長編み2目一度が編めました。

28 次に鎖3目編んだら27の左側の目と同じところに長編みを1目編みます。

29 続けて記号図どおりに1周します。5段めが編めました（写真右）。この要領で8段めまで編みます。

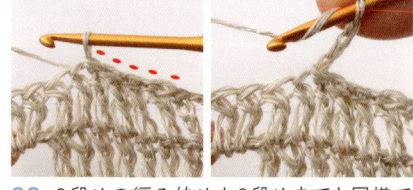

■ Aモチーフの完成
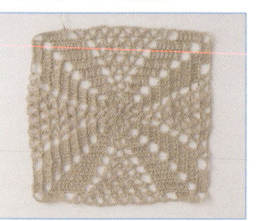

30 9段めの編み始めも8段めまでと同様ですが、前段の長編み5目に引き抜いてから立ち上がります。

31 編み終わりは立ち上がりの鎖3目めに引き抜き、糸始末分の糸端を残して糸を切り、矢印の方向に糸端を引き出します。

軽くアイロンをかけ、モチーフの寸法を確認します。

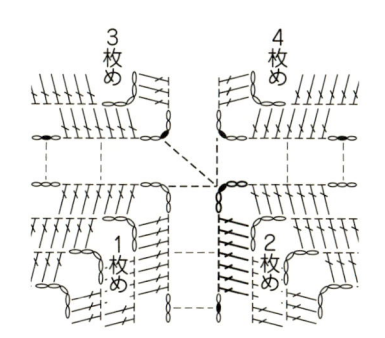

# 2 Aモチーフをつなぐ

2枚め

**1** 2枚めは、9段めで1枚めの1辺とつなぎます。まず、角の鎖5目のうち、2目を編みます。

**2** 次に1枚めの角（鎖5目のループ）に針を上から入れ、引き抜きます。

  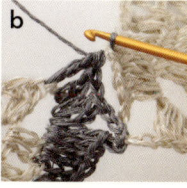

**3** 続けて鎖2目と長編み4目を編んだら、一度針から目をはずします。次に1枚めの長編み4目めの頭に針を入れ（**a**）、2枚めのはずした目を1枚め側に引き出し（**b**）、引き抜き編みでつなぎます（**c**）。

**4** 長編み3目と鎖1目を編んだら、鎖3目に束（P.109）に針を入れ、2と同じ要領で1枚めとつなぎます。

**5** 記号図を参照して一辺をつなぎます。

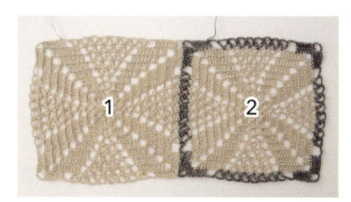

**6** 2枚めの残り3辺を編みます。

3枚め

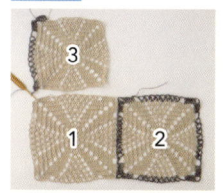

**7** 3枚めの1辺を編み、続けて6とつなぎます。

**8** 3枚の角が集まる中央は、鎖2目編んだら2枚めの引き抜き編み目（●）に針を入れて、引き抜き編みでつなぎます。

**9** 中央がつながりました。

**10** 鎖2目を編み、続けて3枚めの9段めを編みます。

**11** 3枚のモチーフがつながりました。

4枚め

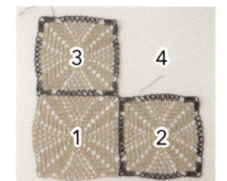 

**12** 4枚めは11に編みつなぎながら中央まで編み、3枚めと同様に2枚めの引き抜き編み目に引き抜いてつなぎます。

**13** 鎖2目を編み、続けて9段めを編みながらもう1辺もつなぎます。

残り1辺を編み、4枚のモチーフつなぎができました。

## 3 Bモチーフを編む（袖） ※往復に編む

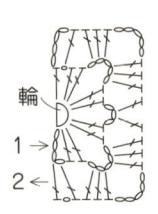

**1段め**

**2段め**

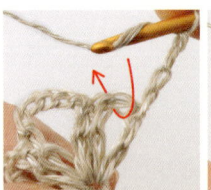

Bモチーフは
Aモチーフの
2分の1です

**1** Aモチーフと同じ要領で1段めを編み、編み終わりは糸端を引き、中央の輪を締めます。

**2** 立ち上がりの鎖3目と鎖1目を編みます。

**3** モチーフを反時計回りに持ちかえ、1段めの鎖の目をすくって長編みを編みます。

**4** 続けてAモチーフの要領で角を2カ所作りながら、記号図どおりに編みます。

**5** 編み終わりは前段立ち上がりの鎖3目めに針を入れ、長編みを編みます。3段め以降も毎段編み地を持ちかえながら編みます。
※ Aモチーフと同じ要領でつなぎます。

■ Bモチーフの完成

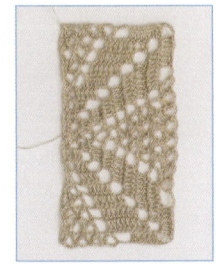

## 4 えりぐりを作り、袖下、脇を輪に編む

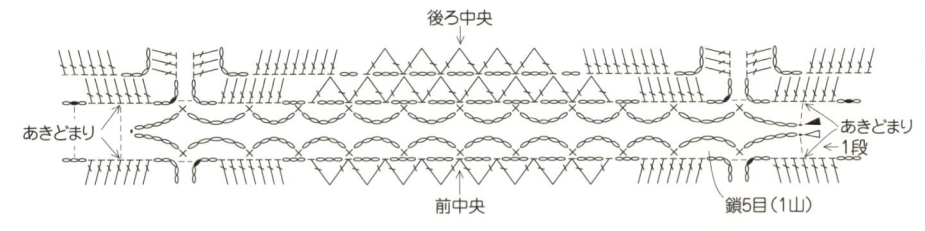

後ろ中央

あきどまり

あきどまり
1段

前中央

鎖5目（1山）

※前後の脇、袖下をAモチーフのつなぎ方と同じ要領でをつなぎます。前後の肩をつなぐとき、前は後ろとつながずにえりぐりを作ります。

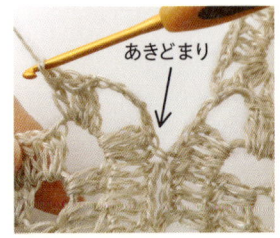

あきどまり

**1** 肩分としてあきどまりの位置までモチーフを編みつないだら、えりぐり分はつながず、9段めを編みます。

**2** 前中央のモチーフは、えりぐり側の1辺をつながずに編み、えりぐりを完成させます。

## 5 えりぐりの縁編み

**1** 左肩のモチーフとモチーフの間に針を入れ、糸を引き抜きます。

**2** 鎖5目を編み、モチーフとモチーフの間に細編みを編みます。

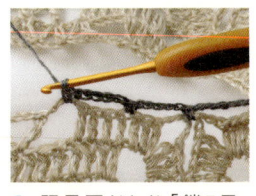

**3** 記号図どおり「鎖5目・細編み1目」をくり返して編みます。

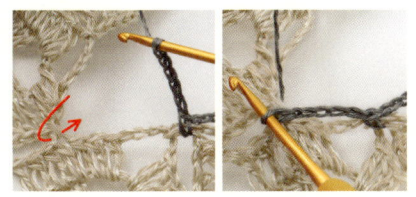  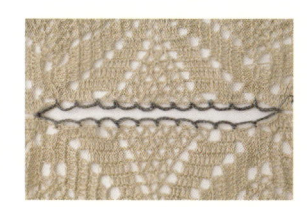

**4** 右肩は、1と同じ要領で引き抜きます。

**5** えりあきの縁編みを一周したら、編み始めの引き抜き編みの頭に引き抜きます。

**6** えりぐりの縁編みができました。

## 6 袖口の縁編み

  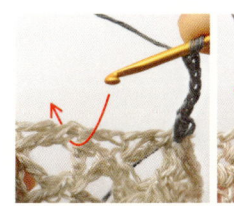 

**1** 袖下側に針を入れて糸を引き出し、立ち上がりの鎖1目を編んだら、同じところに細編みを編みます。

**2** 鎖5目を編み、モチーフの2段ごとに細編みを編みます。

**3** 記号図どおり「鎖5目・細編み1目」を指定の位置に編んでいきます。

## 7 裾の縁編み

**1** 裾脇に針を入れ、袖口と同じ要領で編み始めます。

**2** 記号図どおり「鎖5目・細編み1目」を指定の位置に編んでいきます。

**糸端の始末**

夏糸はほどけやすいため、編み地に糸端をしっかりくぐらせて始末をします。

**3** 編み終わりは編み始めの細編みの頭に引き抜きます。

完成！

no. 19

鮮やかなケリーグリーンの色調が目を惹くプレーンシルエットのプル。キュートなドット風の穴あき模様が新鮮です。肌にやさしいソフトなコットンヤーン。中細タイプの編みやすい糸です。

デザイン＿大田真子　製作＿角田冨美子
使用糸＿DMC ナチュラ
`how to make` ▶ 79 ページ

## no. 20

作品19と同じ編み地の糸違い。
廃棄予定の野菜やくだものなど
の食材から作られた材料を使
用した、オーガニックコットン
100％のエコヤーン。天然素材
ながら色落ちしにくく、なによ
り優しい色合いに惹かれます。

デザイン＿大田真子　製作＿加藤理恵
使用糸＿スキー毛糸　フードテキスタイル

how to make ▶ 79 ページ

# no. 21

スタイリングが楽しめる、前、後ろのどちらを着てもOKの2WAYニット。鮮やかなローズレッドの色調と、すっきりとした透かしのくり返し模様がおしゃれなデザインです。

デザイン＿ 大田真子

how to make ▶ 84ページ

# no. 22

作品21と同じ編み方で着たけを長く、糸はさわやかなペールトーンの段染めを使用。シンプルフォルムながら、前後着られる2WAY仕様という活用範囲の広いカーディガン。

デザイン_ 大田真子

how to make ▶ 84ページ

2模様の切り替えとドルマンスリーブのきれいシルエットが、ボディをスリムに見せてくれる効果ありの嬉しいデザイン。糸は上品な輝きを放つラメ入りのミックスファンシーヤーン。

デザイン＿岡田紗央莉　製作＿髙橋美和子
使用糸＿オリムパス　きらら

how to make ▶ 94ページ

no. 23

no. 24

さわやかで涼しげなペパーミントグリーンがおしゃれなプル。糸は編み地が浮き立ち、シルキーな艶感を持つストレートヤーン。カジュアルにもエレガントにも着こなししだいの一枚です。

デザイン＿岡田紗央莉　製作＿高木嘉久子
使用糸＿オリムパス　エミーグランデ
how to make ▶94ページ

# パイナップル・丸ヨーク・パネル模様の
# 素敵ニット
STYLISH KNIT

## 🍍 憧れのパイナップル模様

## no. 25

いつの時代にも新鮮な表情で
よみがえるパイナップル模様。
ネックから編む丸ヨーク編みに
して連続模様をより美しく表現
したデザイン。スモーキーな大人
ピンクの色合いもおしゃれです。

デザイン_柴田 淳
how to make ▶89ページ

no. 26

　ミントグリーンから生成りに微妙に色変化する段染め糸が、繊細なパイナップル模様と素敵に融合しているプル。ダークな色のインナーを組み合わせて、編み地を浮き立たせたほうが素敵です。

デザイン_柴田 淳
使用糸 _ ユザワヤ　ワンダーコットン

how to make ▶ 89ページ

# no. 27

美しく咲き誇るあじさい色の段染め糸を使用したきれい色のプル。ネックから編む丸ヨーク部分を透かしのリーフ模様で描いた、編み応え満点の一枚です。

デザイン＿岡田紗央莉
製作＿アトリエ彩
how to make ▶ 98ページ

ロングピッチのグラデーショ
ン段染めで、作品27と同じ編み
方の袖なしに。編むだけで色模
様を描いてくれる、ソフトで軽
く仕上がる編みやすい糸です。

デザイン＿岡田紗央莉　製作＿久保田信子
使用糸＿ユザワヤ　ワンダーコットン
how to make ▶98ページ

no. 28

## no. 29

　身頃の中央から模様が広がる
パネルモチーフニット。糸はさ
わやかな風合いが魅力のツイー
ド風のスラブヤーン。インナー
に組み合わせる色合いで透かし
模様の印象が変わります。

デザイン＿岡本啓子　　製作＿森下亜美
使用糸＿アトリエ K's K　オーツ

how to make　▶ 102 ページ

no. 30

作品29と同じ糸の色違いで涼しげなノースリーブに。少し渋めの大人ピンクのスラブヤーンも素敵です。大胆なパネルモチーフニットは編み応え満点。手編みファンにおすすめの一枚です。

デザイン　岡本啓子　　製作　森下亜美
使用糸　アトリエK'sK　オーツ

how to make ▶ 102ページ

# 作品の作り方

- 本書は、先に出版した本の人気作品をまとめた一冊のため
糸名を表記していない作品は、使用した糸がすでに廃番になっています。
その場合は、作品と同じ糸の太さとタイプを表記しているので
表記と同タイプの糸を選ぶと、仕上がり寸法がほぼ同じになります。
また、糸はあっても色が廃色になっているものは
近い色に変更してください。

- この本では、編み方図を見やすくするために、図の途中での
糸をつける・糸を切る（◁・◀）記号を省略している所があります。

- 新しい色にかえる場合は、編み終わりの糸は糸始末分を残して切り
新しい糸をつけて編んでください。
また、2・3段ごとにくり返して編む色の場合は
糸は切らずにいったん編み地の向こう側に糸を置いて休めておき
編む段でその糸を引き上げて（糸がたてに渡る）編んでください。

- 糸端の始末は、裏で同色系の編み目にくぐらせて始末をします。

# no. 1, 2 ▶▶▶ P.4 , P.5

## 材料と用具

糸／1 ダイヤモンド毛糸　ダイヤシエロ
（30g巻・約141m…合太タイプ）の
103（生成り）を345g（12玉）

糸／2 ダイヤモンド毛糸　ダイヤシエロ
（30g巻・約141m…合太タイプ）の
ワインレッド（109・廃色）を325g
（11玉）

針／1・2共通　3/0号かぎ針

## ゲージ 10cm四方

1・2共通　模様編み 42目14段

## でき上がり寸法

1 胸回り 118cm　着たけ 48.5cm
　 ゆきたけ 75cm

2 胸回り 118cm　着たけ 48.5cm
　 ゆきたけ 69.5cm

## 編み方要点

■ 後ろ、前身頃は鎖編みの作り目をして模様編みで肩まで増減なく編みます。袖つけどまりに糸印をつけます。同形に2枚編みます。

■ 袖は身頃と同じ作り目で増減なく模様編みで袖口側から編みます。

■ 肩は鎖はぎで合わせ、袖を身頃に鎖とじでつけます。脇と袖下をそれぞれ鎖とじで合わせます。

■ 裾、えりぐり、1の袖口は縁編みを往復で輪に編みます。2の袖口は細編みを往復で輪に編みます。

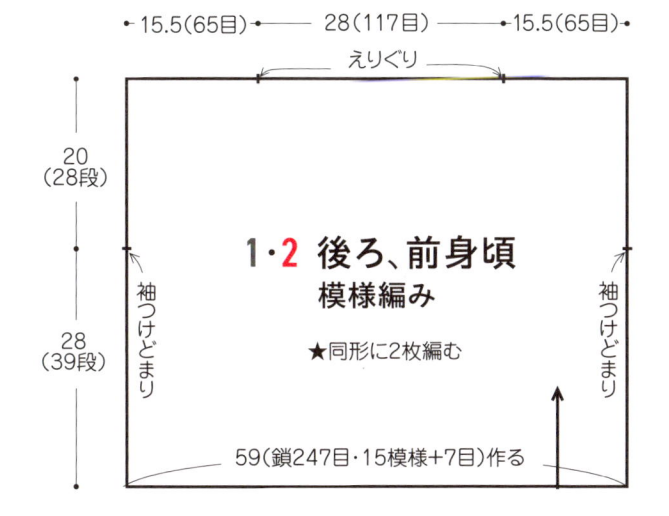

- 15.5（65目） - 28（117目） - 15.5（65目） -

えりぐり

20（28段）

28（39段）

袖つけどまり

**1・2 後ろ、前身頃**
**模様編み**

★同形に2枚編む

袖つけどまり

59（鎖247目・15模様+7目）作る

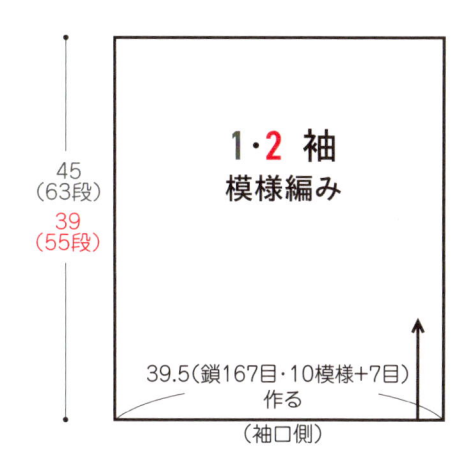

45（63段）

39（55段）

**1・2 袖**
**模様編み**

39.5（鎖167目・10模様+7目）
作る

（袖口側）

記号の編み方は「編み目記号と基礎」を参照してください

⬭＝鎖編み　╤＝長編み　╳＝細編み

•＝引き抜き編み

■ 文字の灰色は1、赤色は2、黒は共通です

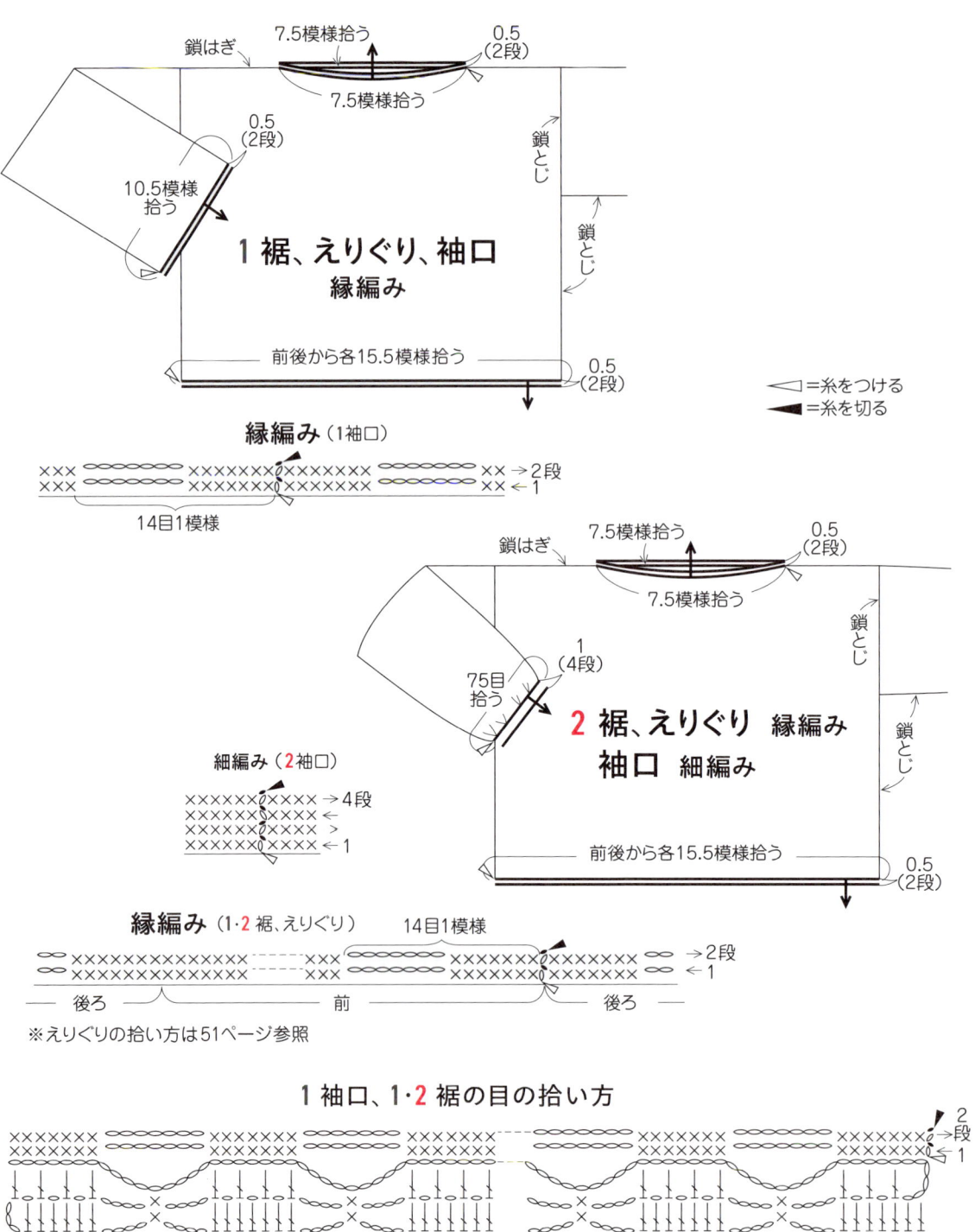

縁編み（1 袖口）

14目1模様

縁編み（2 袖口）

縁編み（1・2 裾、えりぐり）

14目1模様

後ろ　　前　　後ろ

※えりぐりの拾い方は51ページ参照

## 1 袖口、1・2 裾の目の拾い方

## 2 袖口の目の拾い方

■文字の灰色は1、赤色は2、黒は共通です

## 1・2 模様編み

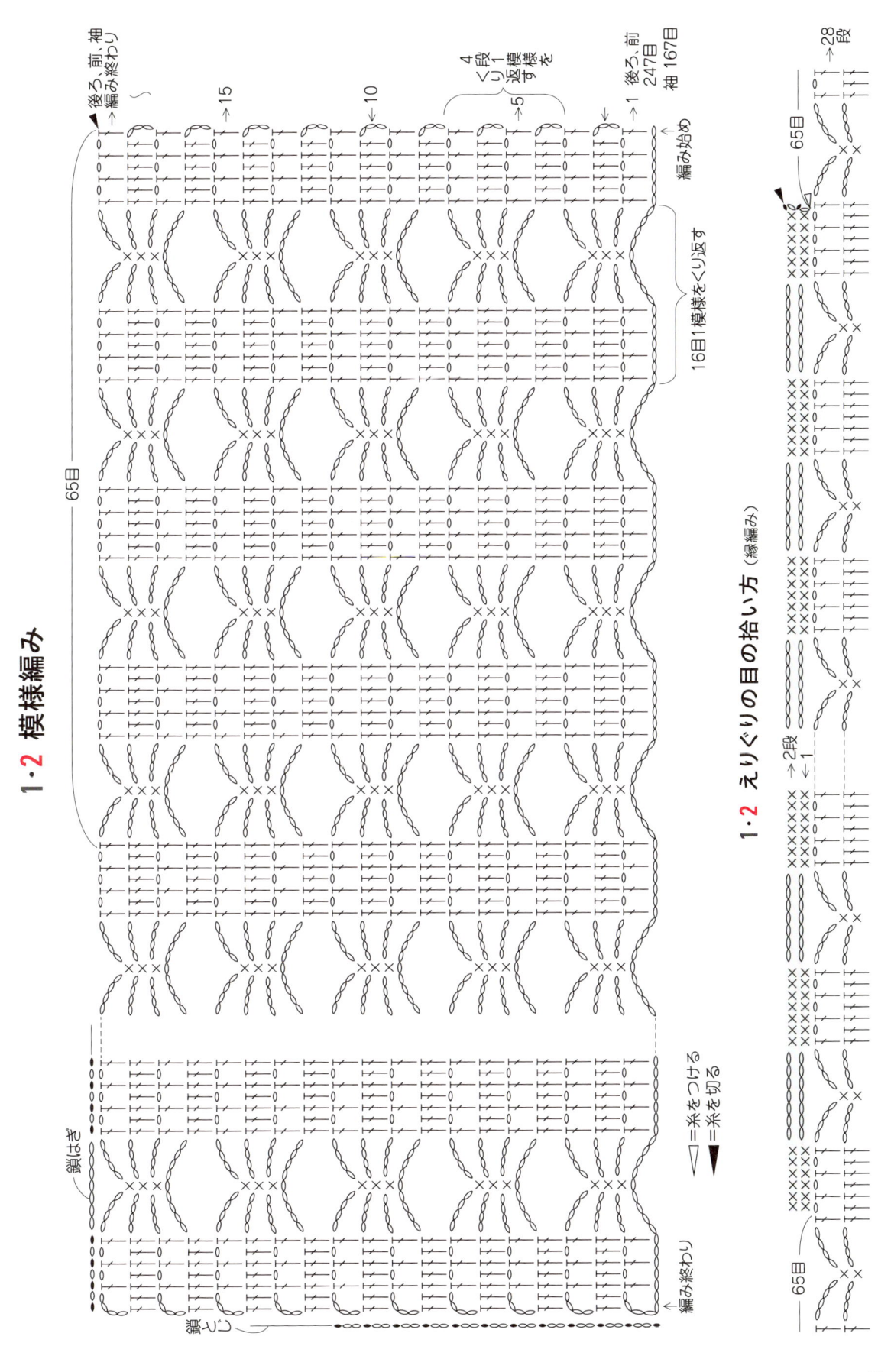

後ろ、前、袖
→編み終わり

→15

→10

4段
くり1模様を
り返す模様を

→5

→1

後ろ、前
247目
袖 167目

編み始め

16目1模様をくり返す

65目

鎖はぎ

□ =糸をつける
◀ =糸を切る

鎖とじ

編み終わり

## 1・2 えりぐりの目の拾い方 (縁編み)

→28段

65目

→2段
←1

65目

51

# no. 5, 6 ▸▸▸ P.8 , P.9

## 材料と用具

糸／**5** 合太〜並太タイプのサマーヤーン（40g 巻・約128m）のピンクを 410g（11玉）

糸／**6** オリムパス さらら（30g巻・約118m …合太タイプ）の2（生成りラメ入り）を 210g（7玉）

針／**5** 4/0号かぎ針

　　**6** 5/0号かぎ針

## ゲージ 10cm四方

**5・6**共通　A模様 23.5目 10.5段
　　　　　　B模様1模様（6cm）12.5段（10cm）

## でき上がり寸法

**5** 胸回り 104cm　着たけ 50cm
　　ゆきたけ 58cm

**6** 胸回り 104cm　着たけ 46.5cm
　　ゆきたけ 26cm

## 編み方要点

■ 後ろ、前身頃は鎖編みの作り目をしてA模様で脇たけを増減なく編みます。同形に2枚編みます。

■ 後ろ・前ヨーク・袖は①〜④の番号順に編みます。鎖編みの作り目をしてB模様でえりぐりまで編みます。

■ えりぐりは図を参照し、前後別々に編みます。前側から編み始め、26段編んだら目を休めます。後ろ側で26段まで編んだら前後続けて編みます。

■ 身頃とヨークを中表に合わせ、細編みでつなぎます。脇と**5**の袖下を鎖とじで合わせます。

■ 裾はうね編みを往復で輪に編みます。

●作品**6**の詳しい編み方は14ページからの「詳しい編み方のプロセス解説」を参照してください

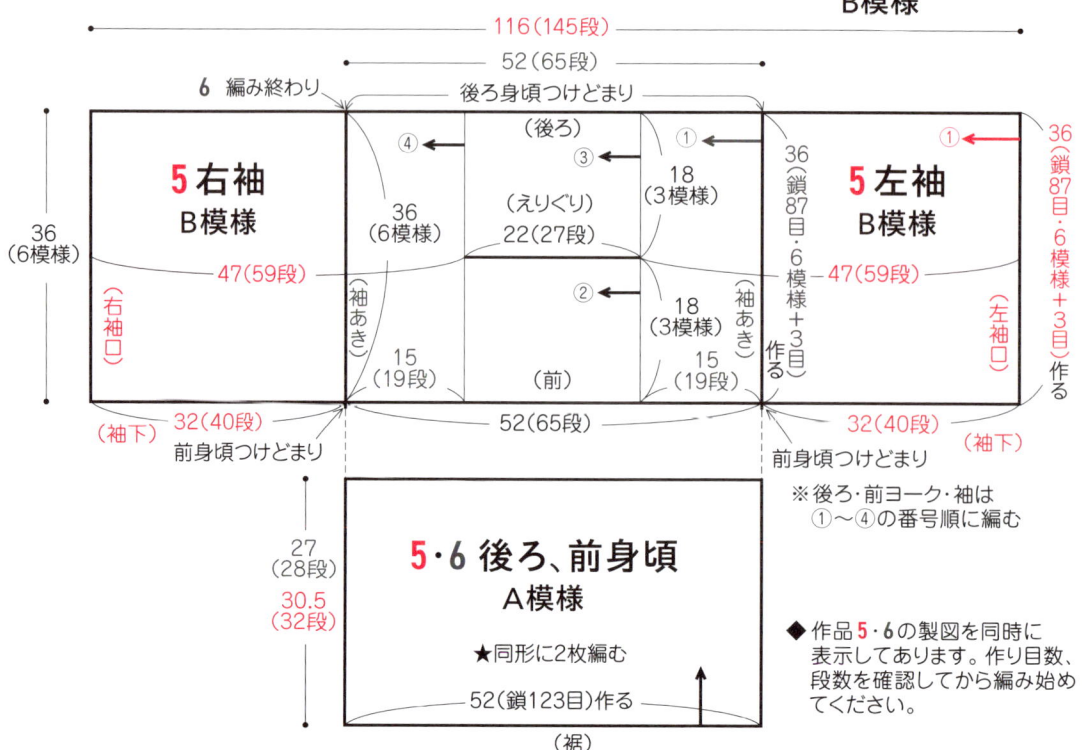

■ 文字の赤色は**5**、灰色は**6**、黒は共通です

# 5・6 後ろ、前身頃の編み方図

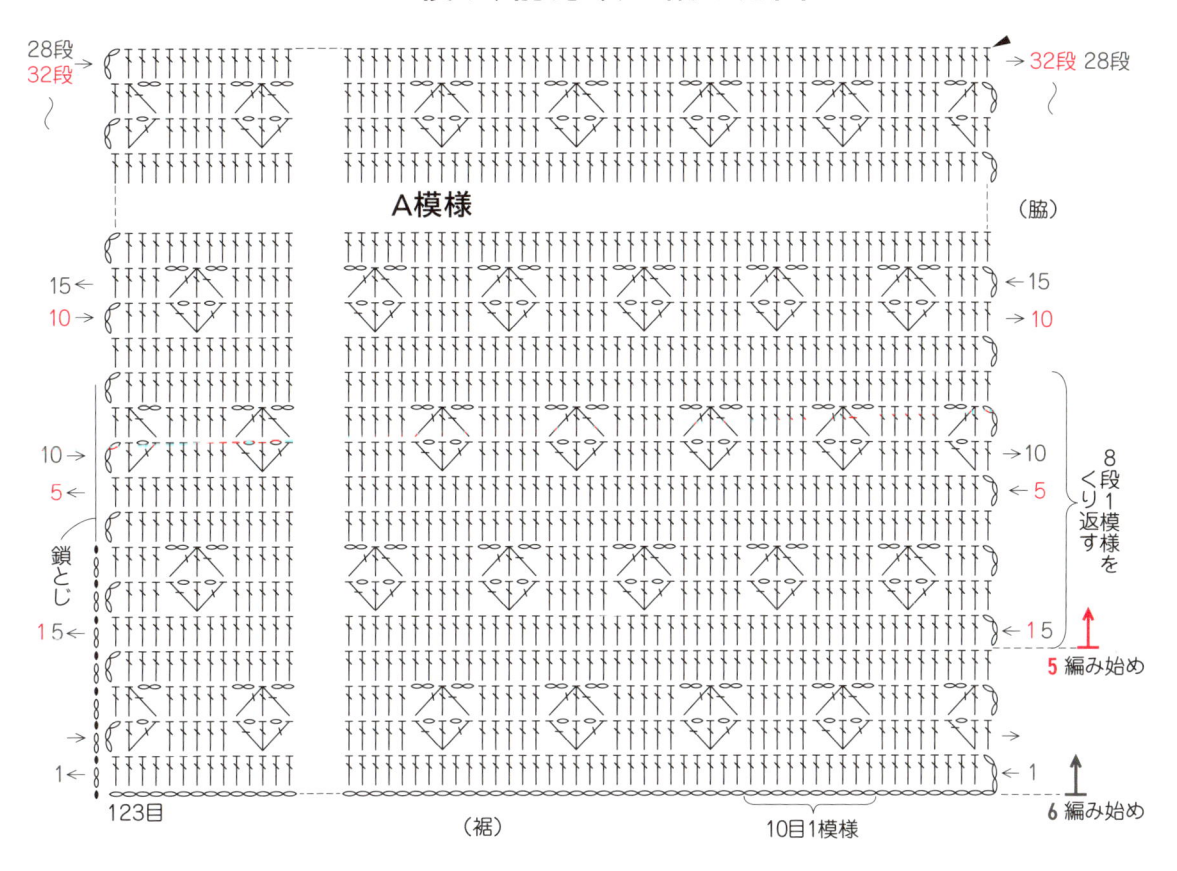

A模様

- 28段 / 32段 →
- → 32段 28段
- （脇）
- 15 ← / 10 →
- ← 15 / → 10
- 10 → / 5 ←
- → 10 / ← 5
- 8段1模様をくり返す
- 5 編み始め
- 鎖とじ
- 15 ←
- ← 15
- 1 ←
- ← 1
- 6 編み始め
- 123目
- （裾）
- 10目1模様

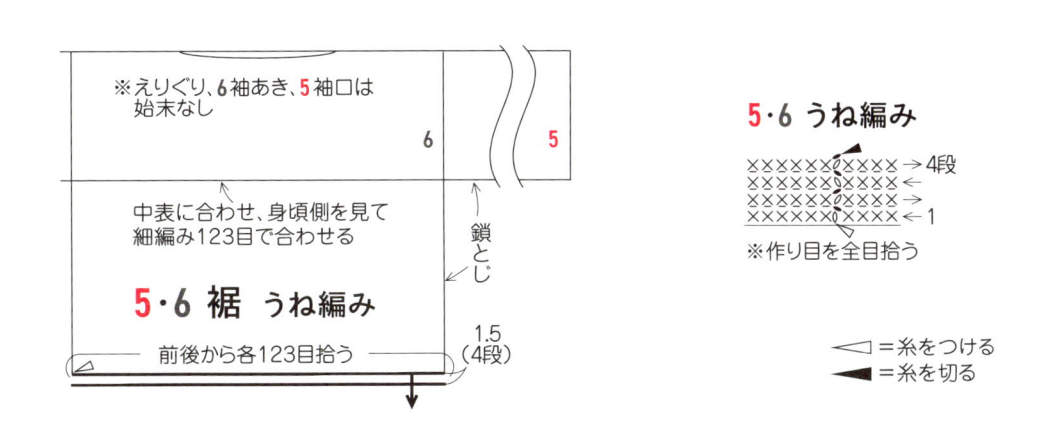

※えりぐり、6袖あき、5袖口は始末なし

6

5

中表に合わせ、身頃側を見て細編み123目で合わせる

鎖とじ

## 5・6 裾 うね編み

前後から各123目拾う

1.5（4段）

### 5・6 うね編み

×××××××××× →4段
×××××××××× ←
×××××××××× →1
×××××××××× ←

※作り目を全目拾う

◁＝糸をつける
◀＝糸を切る

記号の編み方は「編み目記号と基礎」を参照してください

| ◯＝鎖編み | ×＝うね・すじ編み | Λ＝長編み2目一度 | ⊤＝長編み | ♦＝長編み2目の玉編み |
| ×＝細編み | ⊤＝中長編み | V＝長編み2目（増し目） | ⨏＝長々編み | •＝引き抜き編み |

53

## 5・6 後ろ・前ヨーク・袖の編み方図

**5**（袖口）　**6**（袖あき）

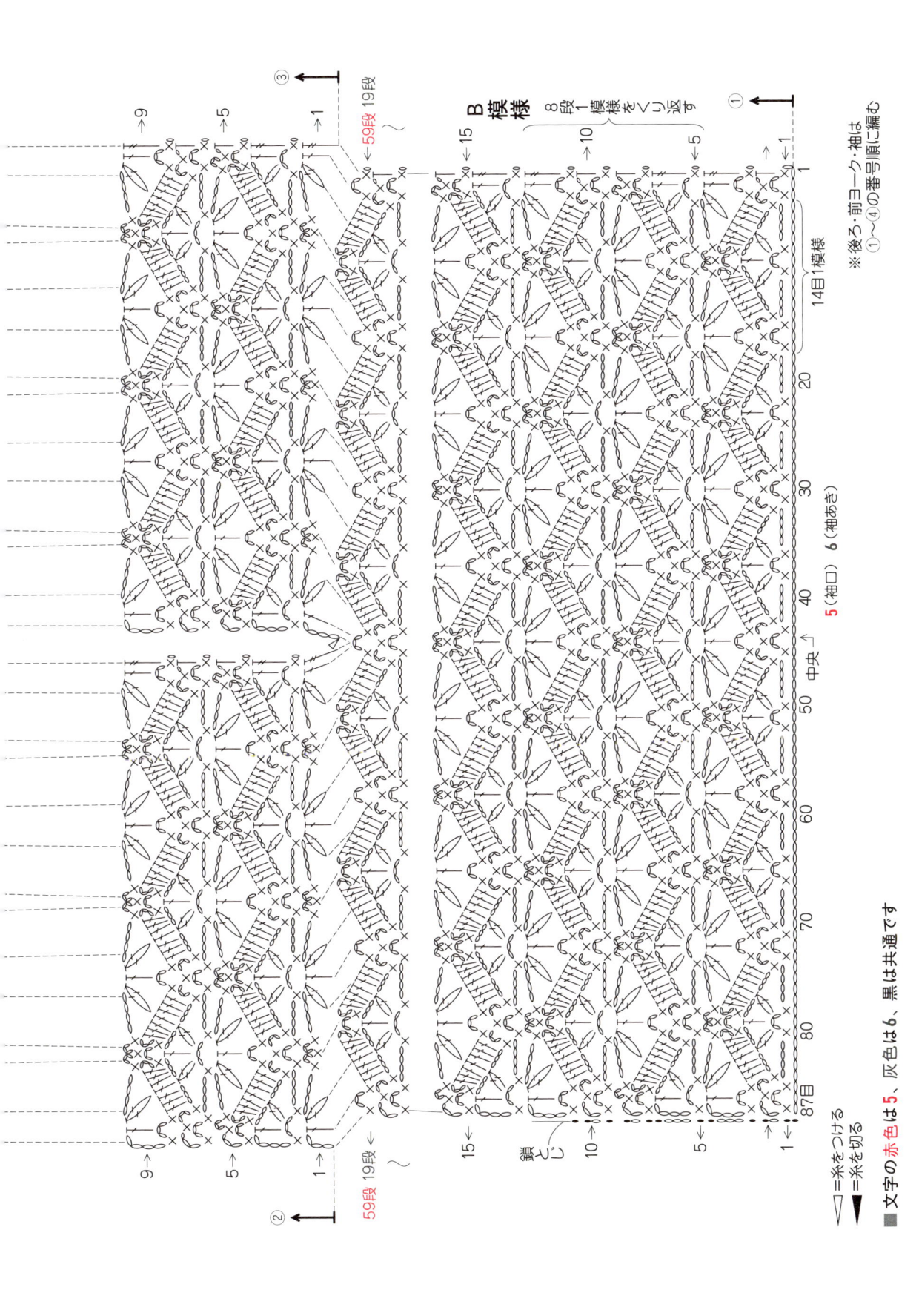

# no.7,8 ▸▸▸ P.10 , P.11

## 材料と用具

糸／**7** オリムパス シャポット（35gカセ…並太タイプ）の2（ベージュ）を310g（9カセ）

糸／**8** オリムパス シャポット（35gカセ…並太タイプ）の7（黄色）を210g（6カセ）

針／**7・8**共通 8/0号かぎ針

## ゲージ 10cm四方

**7・8**共通 模様編み 14目6段

## でき上がり寸法

**7** 胸回り 103cm 着たけ 50cm
ゆきたけ 44.5cm

**8** 胸回り 103cm 着たけ 40cm
ゆきたけ 35cm

## 編み方要点

■ 鎖編みの作り目をして模様編みで脇たけを増減なく編みます。続けて右側の袖分の鎖を編みます。左側は鎖を別に編んで作り、指定位置に引き抜いてつけます。

■ 次の1段から袖と身頃を続けて後ろは増減なく編みます。7の前は後ろと同形に、8の前はえりぐりを減らして肩まで編みます。

■ 肩、袖下は巻きはぎ（1目）、脇は巻きとじ（1目）でそれぞれ合わせます。

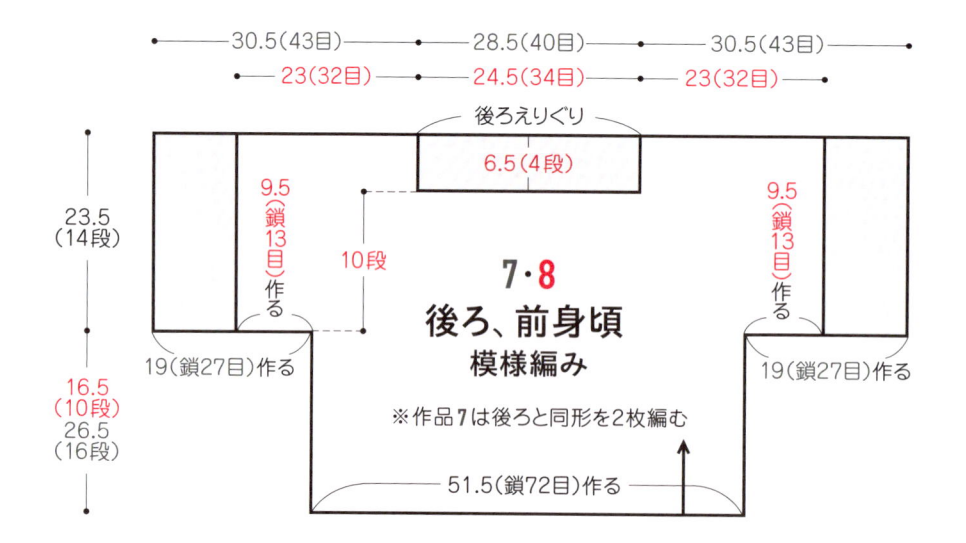

30.5（43目） 28.5（40目） 30.5（43目）
23（32目） 24.5（34目） 23（32目）

後ろえりぐり
6.5（4段）

23.5（14段）

9.5（鎖13目）作る

10段

9.5（鎖13目）作る

**7・8**
後ろ、前身頃
模様編み

※作品7は後ろと同形を2枚編む

19（鎖27目）作る

19（鎖27目）作る

16.5（10段）
26.5（16段）

51.5（鎖72目）作る

## 7・8 まとめ

8

巻きはぎ

※えりぐり、袖口、裾は始末なし

巻きとじ

■ 文字の灰色は**7**、赤色は**8**、黒は共通です

# 7・8 後ろ、前身頃の編み方図

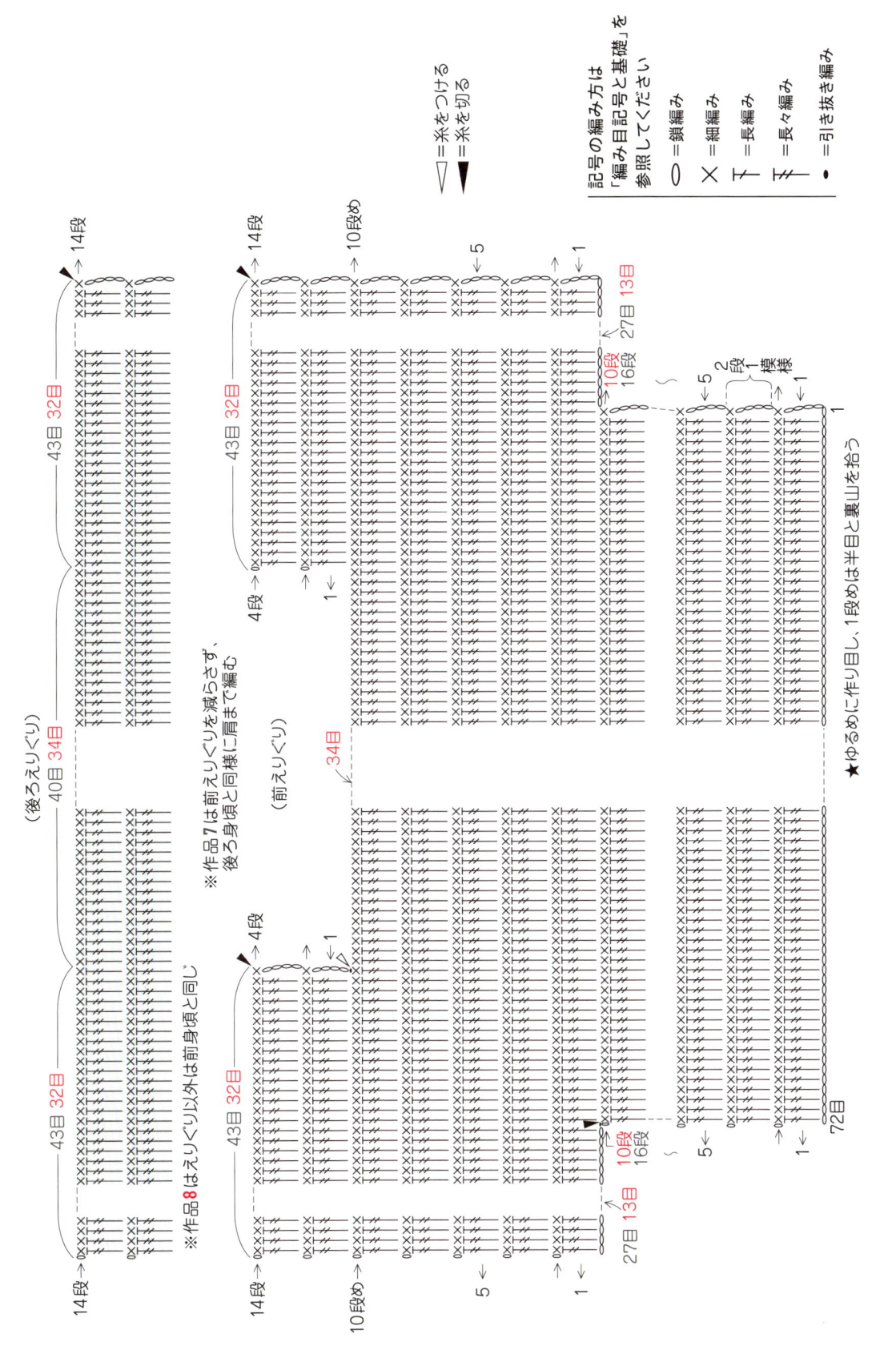

※作品8はえりぐり以外は前身頃と同じ

※作品7は前えりぐりを減らさず、後ろ身頃と同様に肩まで編む

記号の編み方は「編み目記号と基礎」を参照してください

|  |  |
|---|---|
| ○ | =鎖編み |
| × | =細編み |
| ⊤ | =長編み |
| ⊥ | =長々編み |
| ● | =引き抜き編み |

◁=糸をつける
▲=糸を切る

★ゆるめに作り目し、1段めは半目と裏山を拾う

57

# no. 3, 4 ▸▸▸ P.6, P.7

▸▸▸ P.6, P.7

**材料と用具**

糸／ **3** オリムパス　クラリス（25g巻…合太タイプ）の2（茶色濃淡段染め）を300g（12玉）

糸／ **4** 並太タイプのコットンヤーンのベージュを285g

針／ **3** 4/0号・5/0号・6/0号かぎ針

　　 **4** 5/0号かぎ針

**ゲージ 10cm四方**

**3** 模様編み 28目11段（4/0号かぎ針）
　　24.5目10.5段（5/0号かぎ針）
　　21目10段（6/0号かぎ針）

**4** 模様編み 20.5目9段

**でき上がり寸法**

**3** 胸回り 97cm　着たけ 68.5cm
　　ゆきたけ 31.5cm

**4** 胸回りフリー　着たけ 40cm
　　ゆきたけ 37.5cm

**編み方要点**

■ **3** は前後ヨーク、**4** は前後身頃を鎖編みの作り目をして模様編みで増減なく編みます。中央からえりぐりを左右に分けて右側から編みます。左側も同じ要領で編んだら左右続けて増減なく編みます。

■ **3** の身頃はヨークから目を拾い、模様編みで針の号数をかえながら増減なく編みます。

■ **3** は脇、袖下をそれぞれ鎖とじで合わせます。**4** は脇を巻きはぎ（1目）で合わせます。

■ **3** の袖口と裾は細編みを輪に編みます。

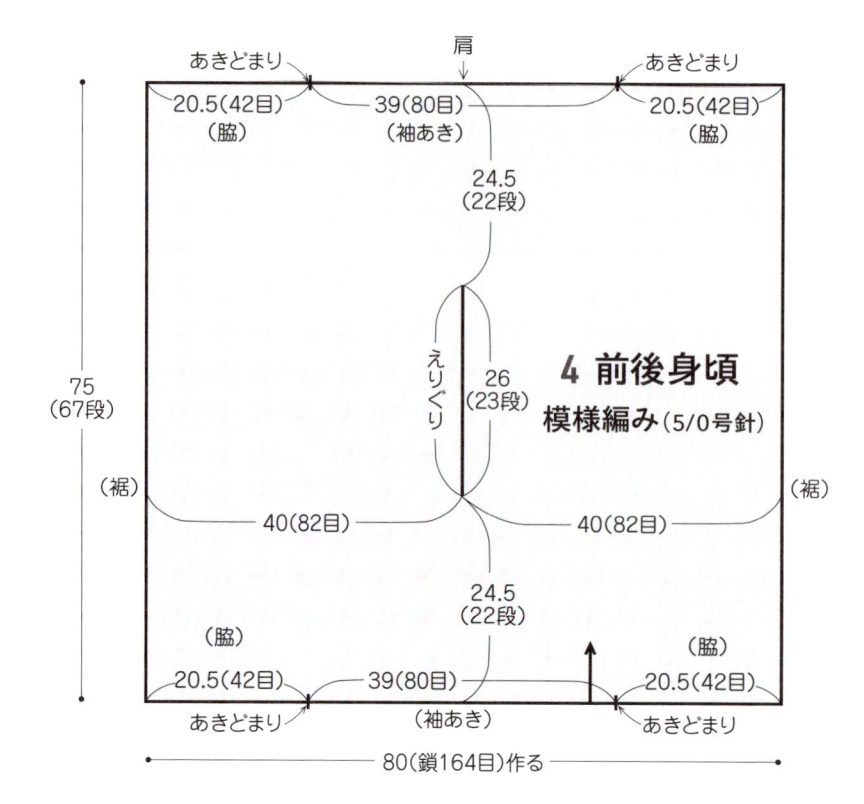

記号の編み方は「編み目記号と基礎」を参照してください

⌒ ＝鎖編み
✕ ＝細編み
†＝長編み
• ＝引き抜き編み

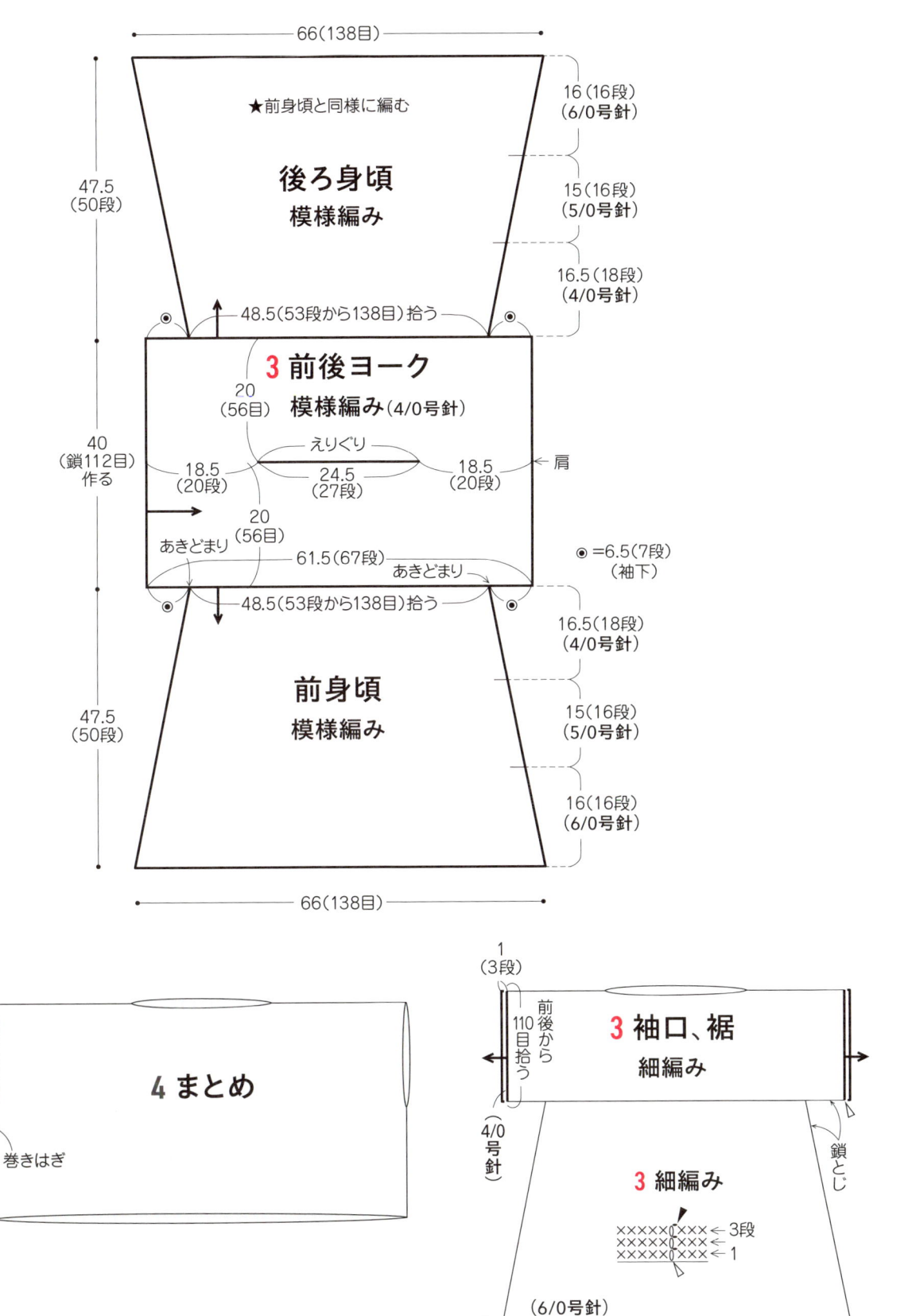

66(138目)

★前身頃と同様に編む

### 後ろ身頃
**模様編み**

47.5（50段）

16（16段）（6/0号針）

15（16段）（5/0号針）

16.5（18段）（4/0号針）

48.5（53段から138目）拾う

### 3 前後ヨーク
**模様編み（4/0号針）**

20（56目）

えりぐり

18.5（20段）　24.5（27段）　18.5（20段）　← 肩

20（56目）

◉ ＝6.5（7段）（袖下）

40（鎖112目）作る

あきどまり　61.5（67段）　あきどまり

48.5（53段から138目）拾う

16.5（18段）（4/0号針）

### 前身頃
**模様編み**

47.5（50段）

15（16段）（5/0号針）

16（16段）（6/0号針）

66(138目)

---

### 4 まとめ

巻きはぎ

---

1（3段）

前後から110目拾う

（4/0号針）

### 3 袖口、裾
**細編み**

鎖とじ

### 3 細編み

××××××⦗×××× ←3段
××××××⦗×××× ←
××××××⦗×××× ←1

（6/0号針）

1（3段）　前後から（274目）拾う

---

■ 文字の赤色は **3**、灰色は **4**、黒は共通です

# 3・4 えりぐりの編み方図

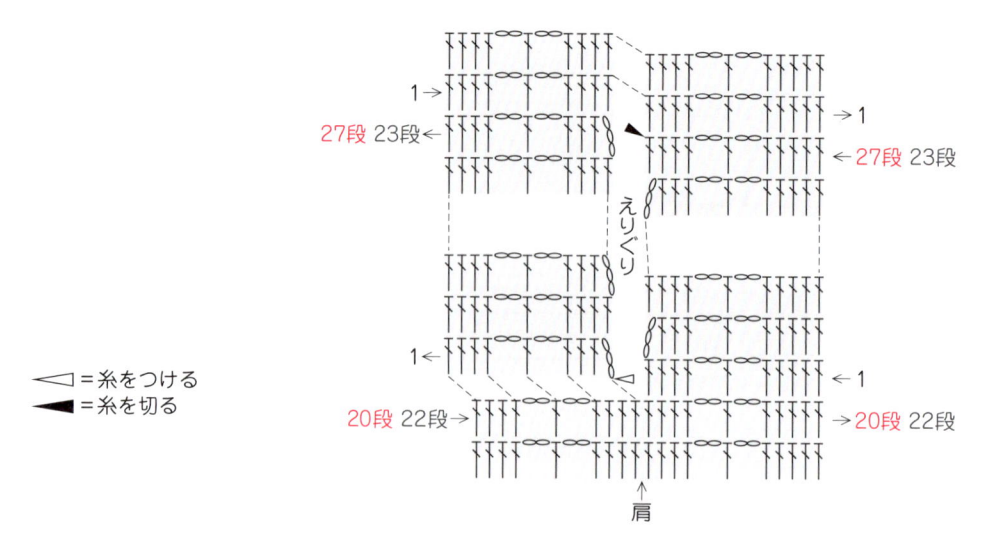

☐ = 糸をつける
◀ = 糸を切る

1→
27段 23段←
えりぐり
←27段 23段
1→
1←
20段 22段→
20段 22段→
肩

# 3 前後ヨーク、4 前後身頃の編み方図

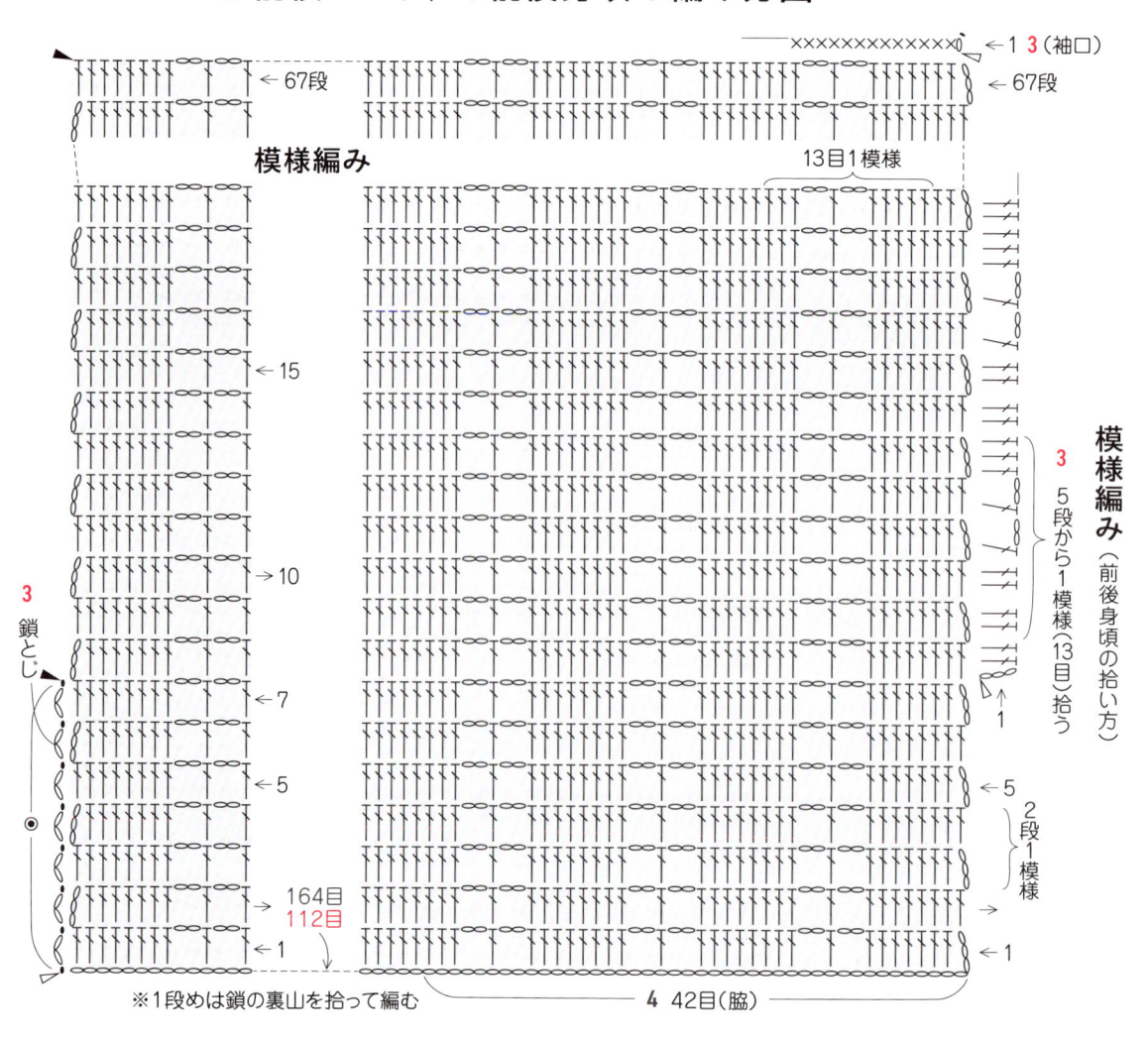

←1 3（袖口）
←67段
67段→
模様編み
13目1模様
←15
模様編み（前後身頃の拾い方）
3
5段から1模様（13目）拾う
→10
3
鎖とじ
→7
1→
←5
←5
2段1模様
164目
112目
←1
←1
※1段めは鎖の裏山を拾って編む
4 42目（脇）

■ 文字の赤色は3、灰色は4、黒は共通です

# no.9,10 ▶▶▶ P.12 , P.13

### 材料と用具

糸／9　合太タイプのサマーヤーン（200g
　　　巻・約800m）のオレンジ・グリーン・
　　　茶系段染めを350g（2玉）

糸／10　ユザワヤ　ワンダーコットン
　　　（200g巻・約800m… 中細タイプ）
　　　のベージュ系段染め（15・廃色）を
　　　250g（2玉）

針／9・10共通　4/0号かぎ針

### ゲージ 10cm四方

9・10共通　模様編み 27.5目 12.5段
　　　　　長編み 25目 12.5段

### でき上がり寸法

9　胸回り 94cm　着たけ 57cm
　　ゆきたけ 61.5cm

10　胸回り フリー　着たけ 65cm（後ろ）
　　ゆきたけ 24cm

### 編み方要点

■ 前後ともに鎖編みの作り目をして長
編みと模様編みで脇たけを増減な
く編みます。9 は袖つけどまり、10
はベルトつけ位置に糸印をつけます。
袖つけたけも増減なく編みますが、
前はえりぐりを減らします。

■ 肩を引き抜きはぎで合わせます。9
の袖は前後身頃から目を拾い、袖
下を減らしながら編みます。

■ 10 の裾・脇縁は前後続けて細編
みで編みます。ベルトを前の指定
位置から拾い、長編みを編みます。
編み終わりの糸で後ろの脇縁に巻
きはぎ（1目）でつなぎます。

■ 9 は脇と袖下をそれぞれ鎖とじで合
わせます。

■ えりぐり、9 の裾、袖口は細編みで
整えます。

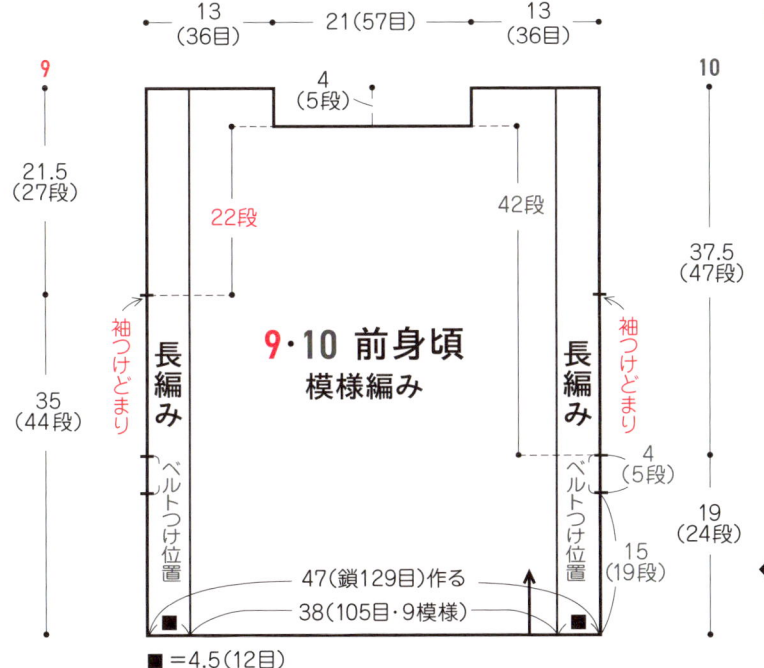

●後ろ、前身頃の編み方図は
　64・65ページにあります

記号の編み方は
「編み目記号と基礎」を
参照してください

⌒ ＝鎖編み

✕ ＝細編み

Ｔ ＝長編み

Ｆ ＝長々編み

Ａ ＝長編み2目一度

•－ ＝引き抜き編み

◆作品9・10の後ろ、前身頃を重ねて
　表示してあります。段数を確認して
　から編み始めてください。

■ 文字の赤色は9、灰色は10、黒は共通です

## 9 えりぐり、裾、袖口 細編み

引き抜きはぎ

57目拾う　0.5（1段）

9目拾う　9目拾う

57目拾う

1（2段）

（えりぐり、裾）

×××××0××× ←1段

鎖とじ

95目拾う

（袖口）

×××××0××× →2段
×××××0××× ←1

前後から各129目拾う　0.5（1段）

## 10 えりぐり、裾・脇縁 細編み

引き抜きはぎ

57目拾う　0.5（1段）

9目拾う　9目拾う

57目拾う

残した糸端で後ろの細編みと巻きはぎ

（えりぐり）

×××××0××× ←1段

142目拾う

94目拾う　94目拾う

※脇縁は1段から2目拾う

1段

（裾）

×××××_____×××

10目拾う　10目拾う

ベルト

38目拾う

58目拾う

後ろから162目拾う

鎖1目

鎖1目　129目拾う　鎖1目　129目拾う　鎖1目

## 9 袖の拾い方

・＝袖の拾い目位置

肩から1目拾う

3段から6目拾う

6段から13目拾うことを4回くり返す

袖つけどまり

27段　25　5　1　44段

## 10 ベルト
長編み 2本

9（10段）

前脇縁から4（10目）拾う

約20cm残して切る

→10段
←5
←1

10目　1

---

13（36目）　21（57目）　13（36目）

えりぐり

9

21.5（27段）

35（44段）

袖つけどまり　ベルトつけ位置

長編み　ベルトつけ位置

### 9・10 後ろ身頃
模様編み

長編み

47（鎖129目）作る
38（105目・9模様）
47（鎖129目）作る
38（105目・9模様）

袖つけどまり

4（5段）

23（29段）

10

37.5（47段）

27（34段）

■＝4.5（12目）

---

■ 文字の赤色は9、灰色は10、黒は共通です

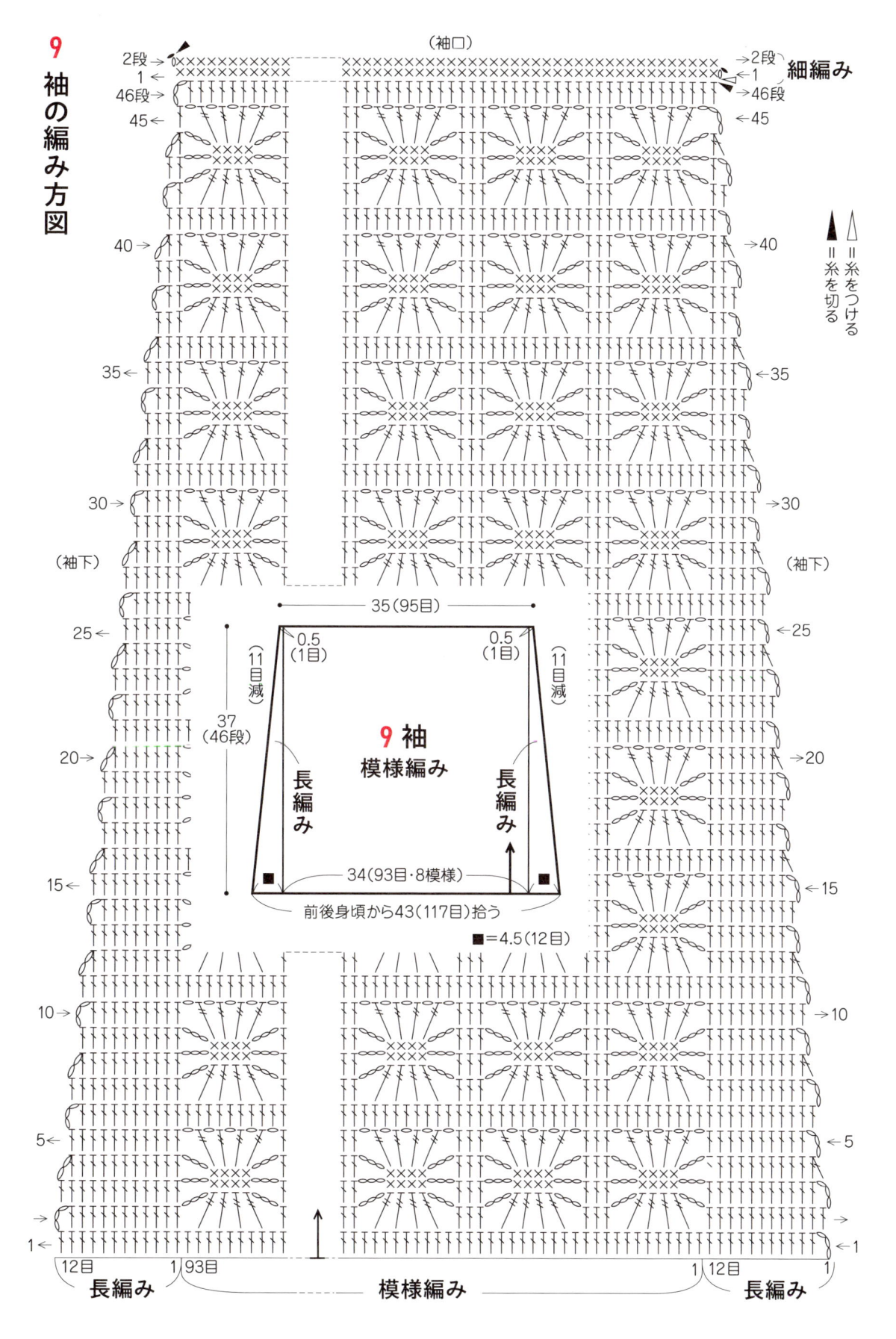

**9 袖の編み方図**

（袖口）

2段　1　46段　45　40　35　30　25　20　15　10　5　1

2段　1　46段　45　40　35　30　25　20　15　10　5　1　**細編み**

▲ ＝糸を切る　△ ＝糸をつける

（袖下）

35（95目）

0.5（1目）　0.5（1目）

11目減　11目減

**9 袖 模様編み**

長編み　長編み

37（46段）

34（93目・8模様）

前後身頃から43（117目）拾う

■＝4.5（12目）

12目　1　93目　1　12目　1

**長編み**　**模様編み**　**長編み**

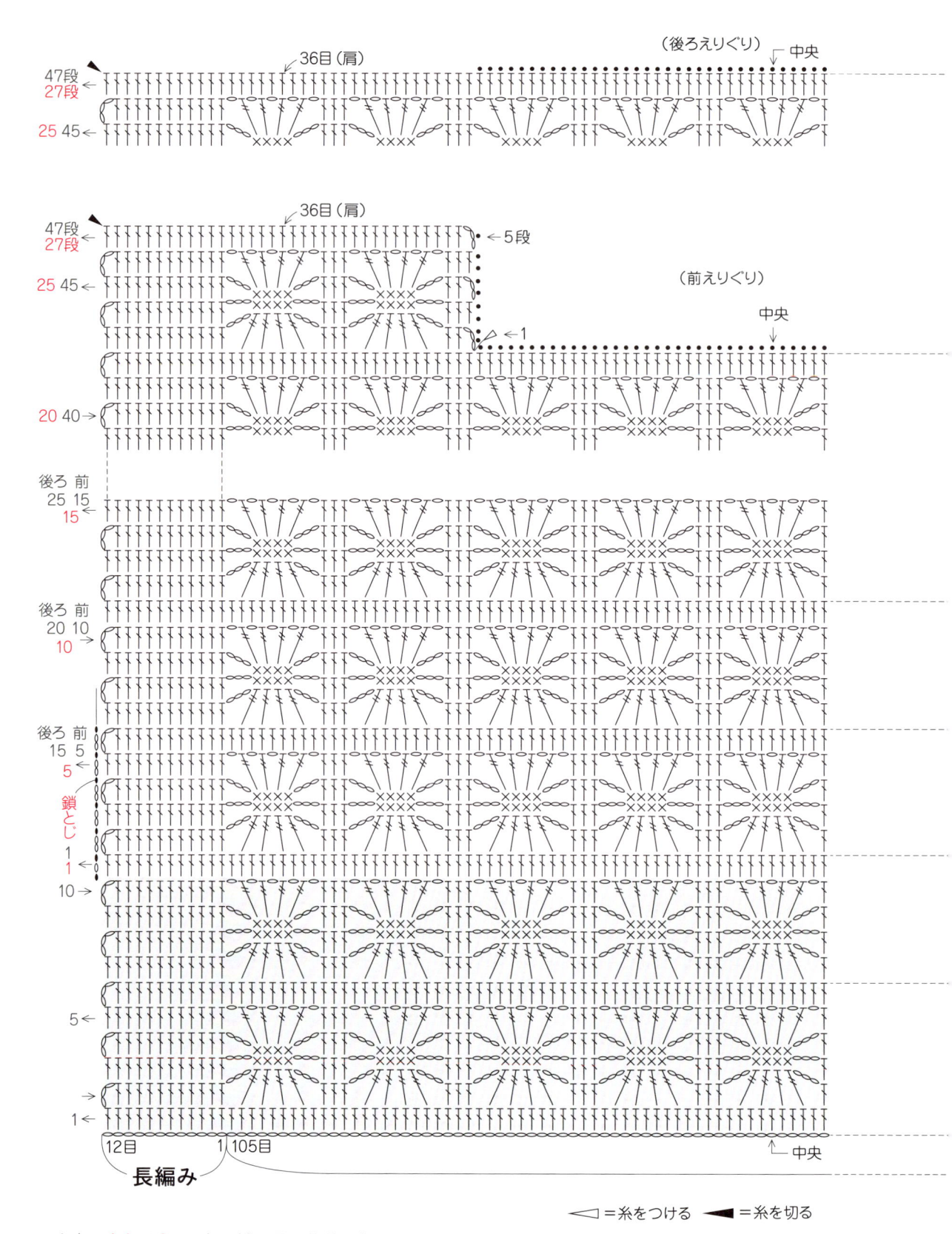

◁ー=糸をつける　◀ー=糸を切る

■ 文字の赤色は9、灰色は10、黒は共通です

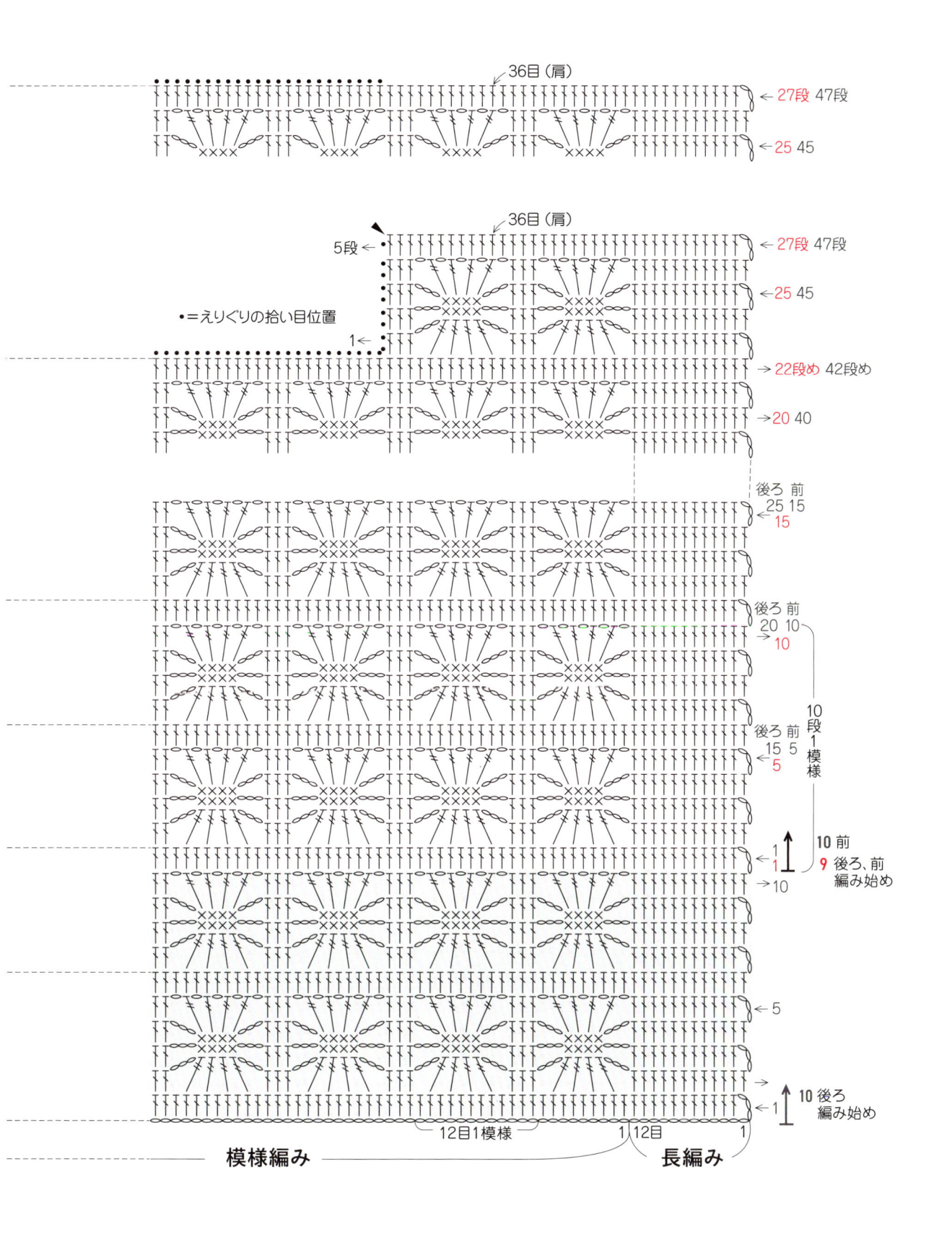

36目（肩）

←27段 47段

←25 45

36目（肩）

5段← ←27段 47段

←25 45

•＝えりぐりの拾い目位置

1←

→22段め 42段め

→20 40

後ろ　前
25 15
←15

後ろ　前
20 10
→10

10段1模様

後ろ　前
15 5
←5

1
1
→10

10 前
9 後ろ、前
編み始め

←5

10 後ろ
←1 編み始め

12目1模様　1 12目　1

模様編み　　　　　　　　　　　　長編み

65

## no. 11, 12　▶▶▶ P.22, P.23

### 材料と用具

糸／ 11　合太タイプのサマーヤーンの紫・ブルー・グリーン系段染めを280g
糸／ 12　合太タイプのサマーヤーンの濃い紫・グリーン・ベージュ系段染めを280g
針／ 11・12共通　3/0号・4/0号・5/0号かぎ針
付属品／ 11に直径1.8cmのボタンを3個

### ゲージ 10cm四方

12　モチーフ1枚 7.5×7.5cm（3/0号かぎ針）
11・12 共通
　　モチーフ1枚 8×8cm（4/0号かぎ針）
　　モチーフ1枚 8.5×8.5cm（5/0号かぎ針）

### でき上がり寸法

11　胸回り 97cm　着たけ 50cm
　　ゆきたけ 33cm
22　胸回り 90cm　着たけ 74.5cm

### 編み方要点

■ モチーフは鎖編みの作り目をし、輪にして編みます。指定の針を使い、モチーフは上から裾へと最終段で編みつなぎます。

■ 11 は前端とえりぐり、袖口を残し、前後の肩、脇と袖下を編みつなぎます。

■ 12 は前後を輪に編みつなぎます。モチーフから目を拾い、針の号数をかえながら裾に向かって模様編みを輪に編みます。続けてa縁編みを編みます。

■ 11 の裾・前端・えりぐり、袖口は指定の針でb縁編みを編み、ボタンをつけて仕上げます。

■ 12 の胸回りはb縁編みを輪に編みます。肩ひもは図を参照して編み、指定の位置にとじつけて仕上げます。

## 11 前後身頃

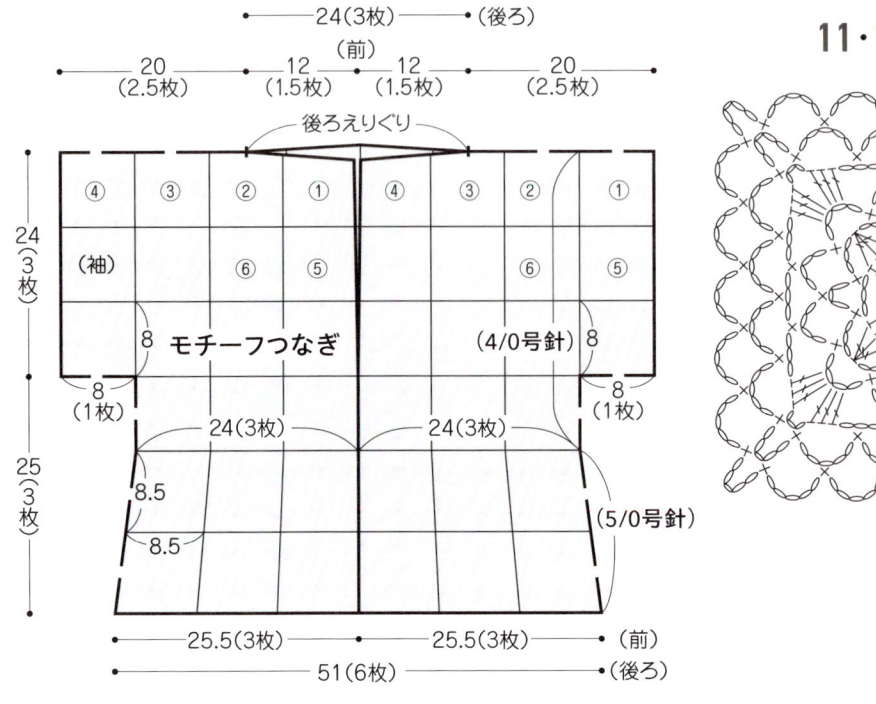

## 11・12 モチーフ

◀ =糸を切る

■ 文字の灰色は11、赤色は12、黒は共通です

# 11・12 モチーフのつなぎ方とb縁編み(11)の目の拾い方

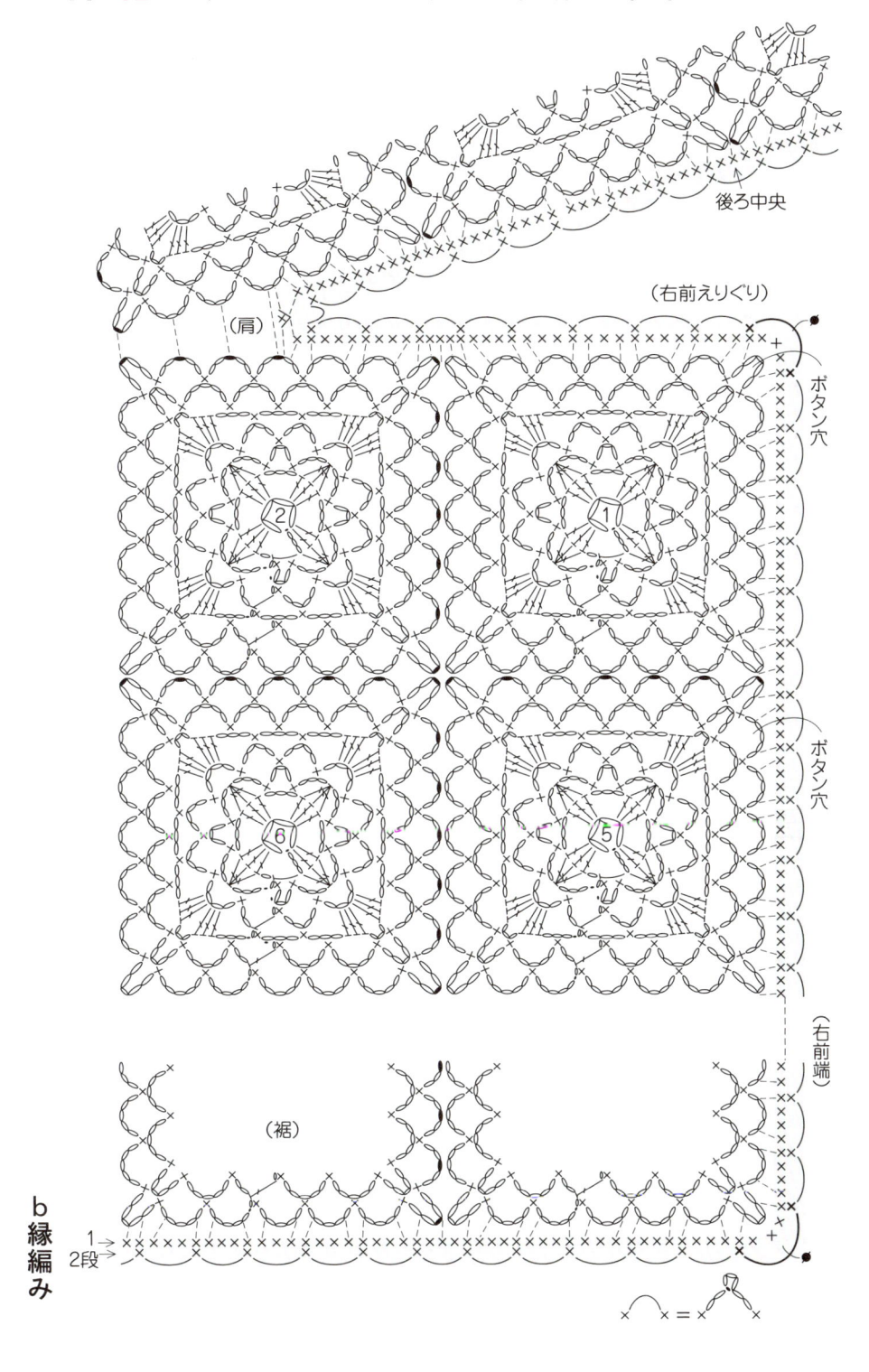

後ろ中央

(右前えりぐり)

(肩)

ボタン穴

ボタン穴

(右前端)

(裾)

b縁編み

1
2段

× × × = × ＝

記号の編み方は「編み目記号と基礎」を参照してください

◯ =鎖編み 　⬤ =鎖3目のピコット編み 　┰ =中長編み 　人 =長編み3目一度

✕ =細編み 　人 =細編み2目一度 　┬ =長編み 　● =引き抜き編み

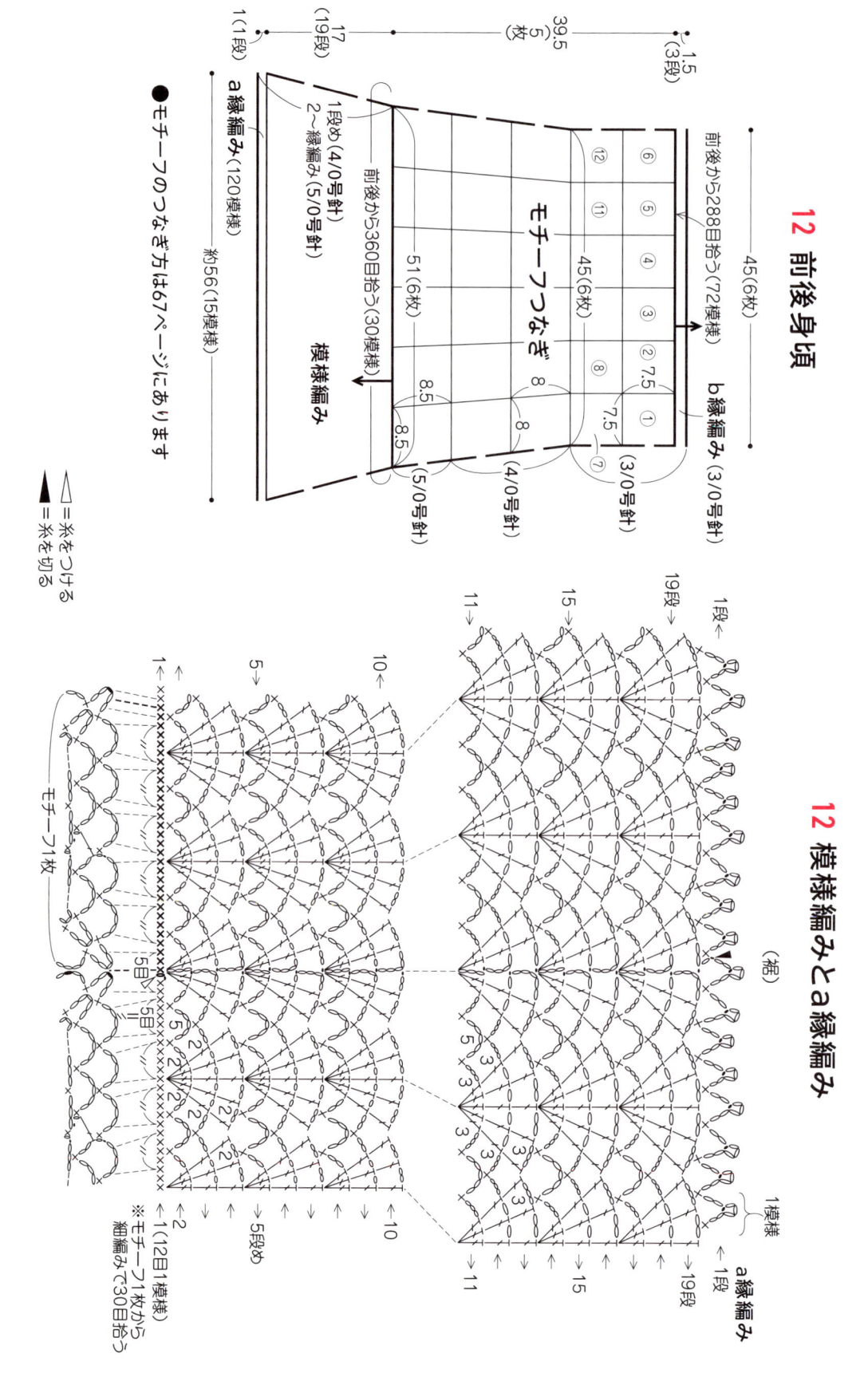

## 11 裾・前端・えりぐり、袖口　b縁編み

★b縁編みはモチーフ使用針の1/0号細い針を使用
★モチーフ1枚から約24目拾う。角(◢)とえりぐりは67ページの図参照

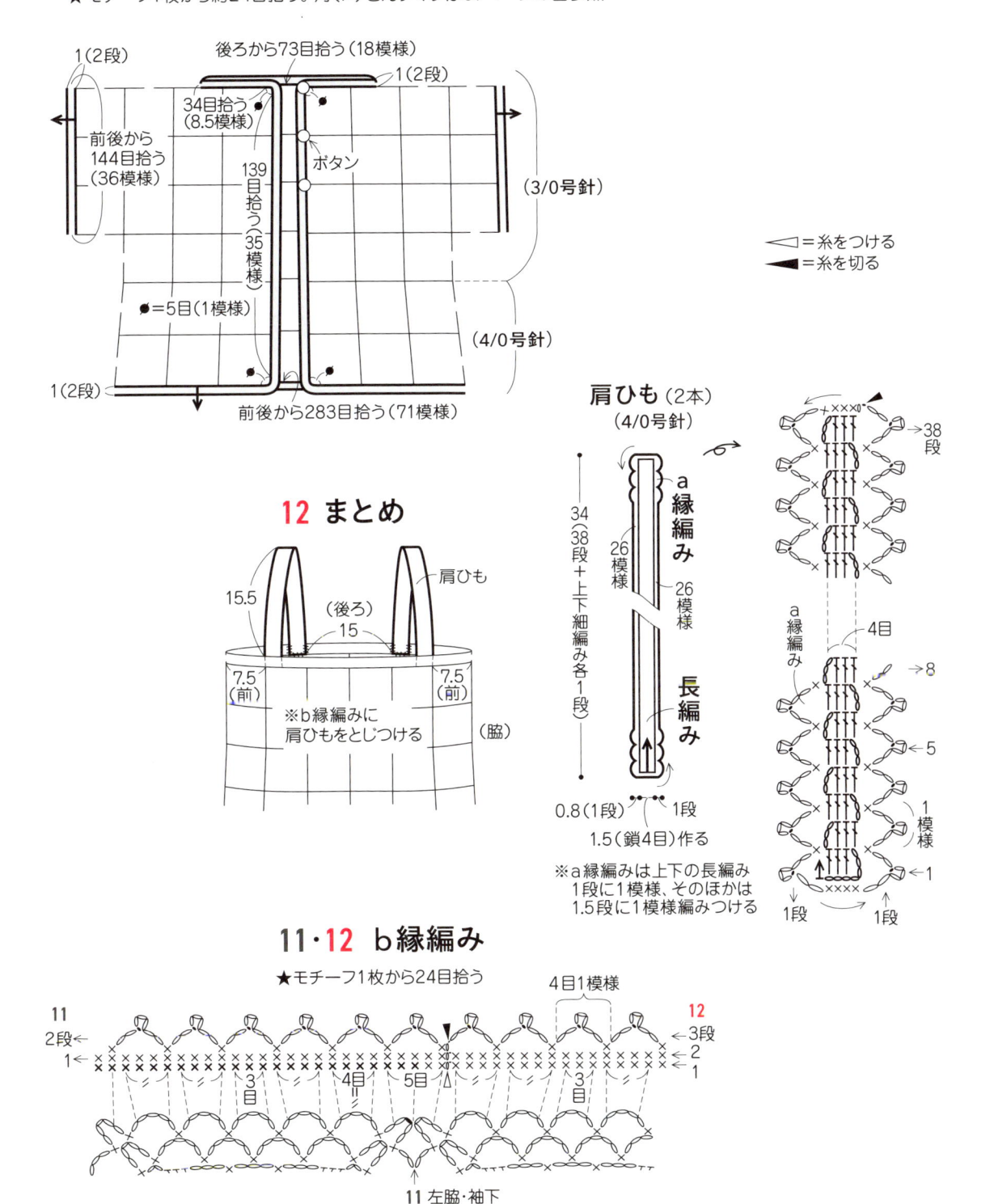

☐ = 糸をつける
◀ = 糸を切る

### 12 まとめ

### 11・12　b縁編み

★モチーフ1枚から24目拾う

■文字の灰色は11、赤色は12、黒は共通です

# no. 13, 14 ▶▶▶ P.24, P.25

## 材料と用具

糸／ **13** ダイヤモンド毛糸　ダイヤコスタ
　　　ファン（35g巻・約164m…中細タイプ）
　　　の1102（サンドベージュ）を220g（7玉）

糸／ **14** 合太タイプのサマーヤーン　黒を
　　　360g

針／ **13** 4/0号かぎ針
　　　**14** 5/0号かぎ針

## ゲージ

**13** A モチーフ1枚 20×20cm
　　 B モチーフ1枚 10×20cm

**14** A モチーフ1枚 22×22cm
　　 B モチーフ1枚 11×21cm
　　 模様編み1模様（2.5cm）10.5段（10cm）

## でき上がり寸法

**13** 胸回り 120cm　着たけ 41cm
　　 ゆきたけ 41cm

**14** 胸回り 88cm　着たけ 86cm
　　 ゆきたけ 34cm

## 編み方要点

■ モチーフは糸輪の作り目をして
編みます。大きいモチーフのた
め、1枚完成したら寸法を確認し
て2枚めに続けます。

■ 2枚めからは9段めで隣り合う
モチーフと引き抜き編みでつな
ぎます。

■ **14** はモチーフから目を拾い、前
後身頃を模様編みで輪に裾まで
編みます。

■ モチーフから目を拾い、えりぐり、
袖口、**13** は裾をそれぞれ縁編み
で整えます。

● 作品**13**の詳しい編み方は30ページからの
「詳しい編み方のプロセス解説」を参照してください

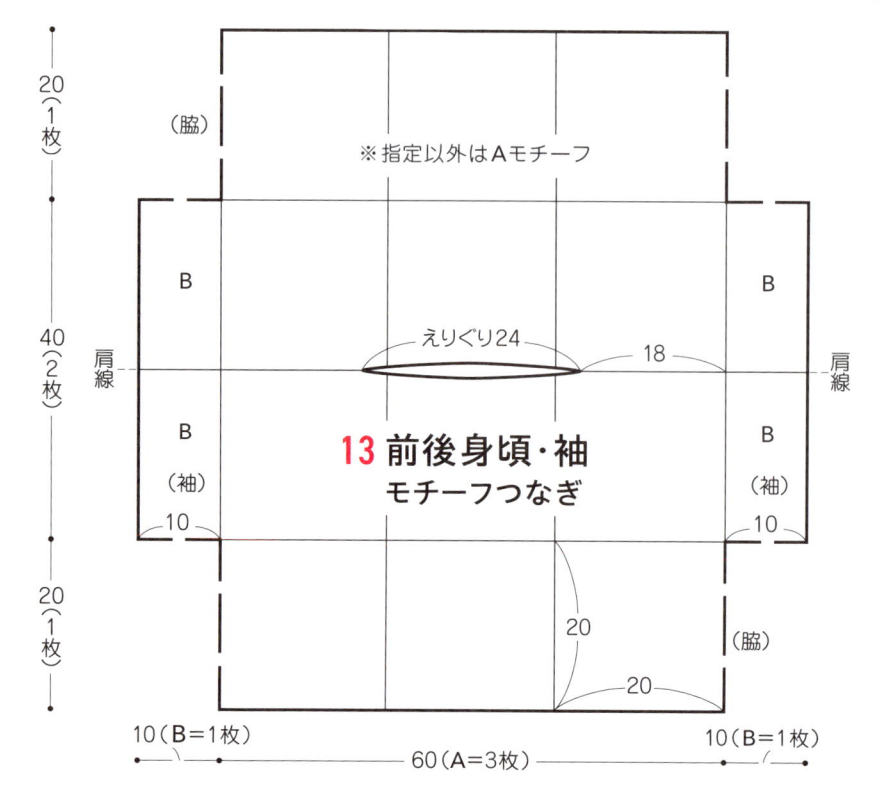

**13 前後身頃・袖**
**モチーフつなぎ**

※指定以外はAモチーフ

えりぐり24 ・ 18

20（1枚） / 40（2枚） / 20（1枚）

10（B=1枚）　60（A=3枚）　10（B=1枚）

記号の編み方は
「編み目記号と基礎」を
参照してください

⬯ ＝鎖編み
✕ ＝細編み
Ｔ ＝長編み
Λ ＝長編み2目一度
Ｖ ＝長編み2目（増し目）
• ＝引き抜き編み

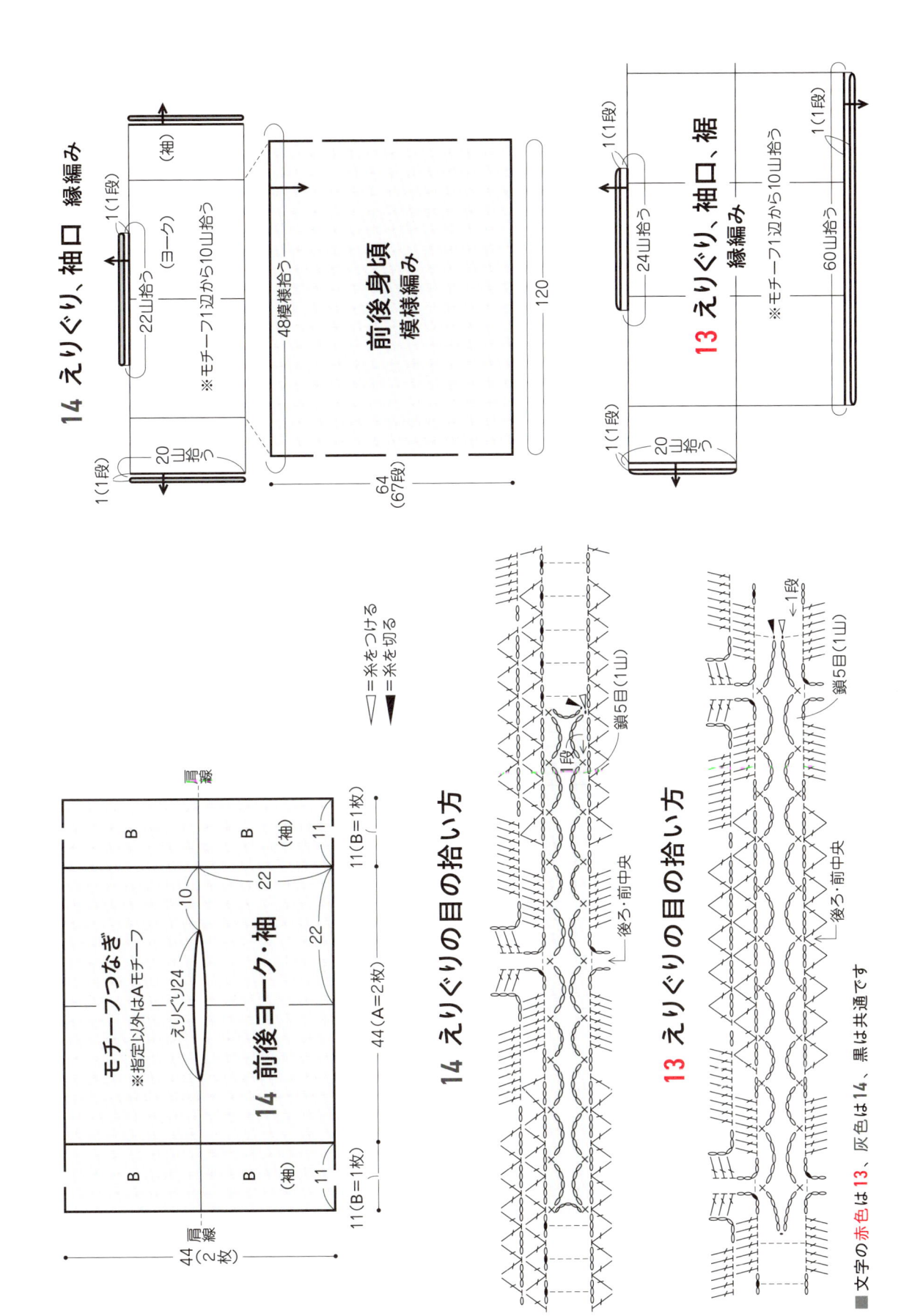

■ 文字の赤色は 13、灰色は 14、黒は共通です

# 13・14 A・Bモチーフの編み方とつなぎ方、縁編みの目の拾い方

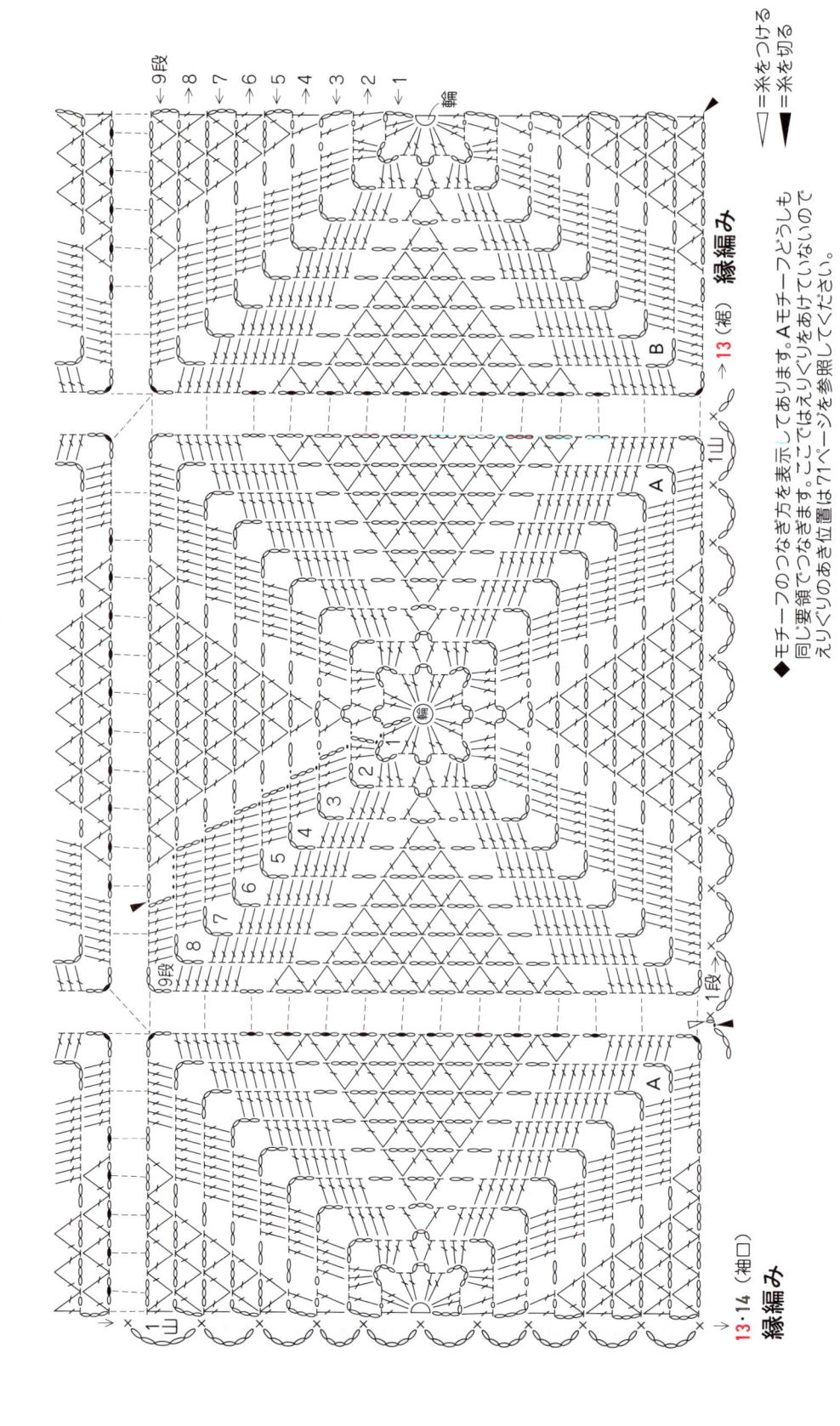

→9段
→8
→7
→6
→5
→4
→3
→2
→1
編

縁編み
→13（裾）

1山

9段
1段→

A

B

13・14
縁編み
→13（袖口）

1山

A

□ =糸をつける
◀ =糸を切る

◆ モチーフのつなぎ方を表示してあります。A・Bモチーフどうしも同じ要領でつなぎます。ここではえりぐりをあけていないのでえりぐりのあき位置は71ページを参照してください。

■ 文字の赤色は13、灰色は14、黒は共通です

72

# 14 前後身頃の編み方

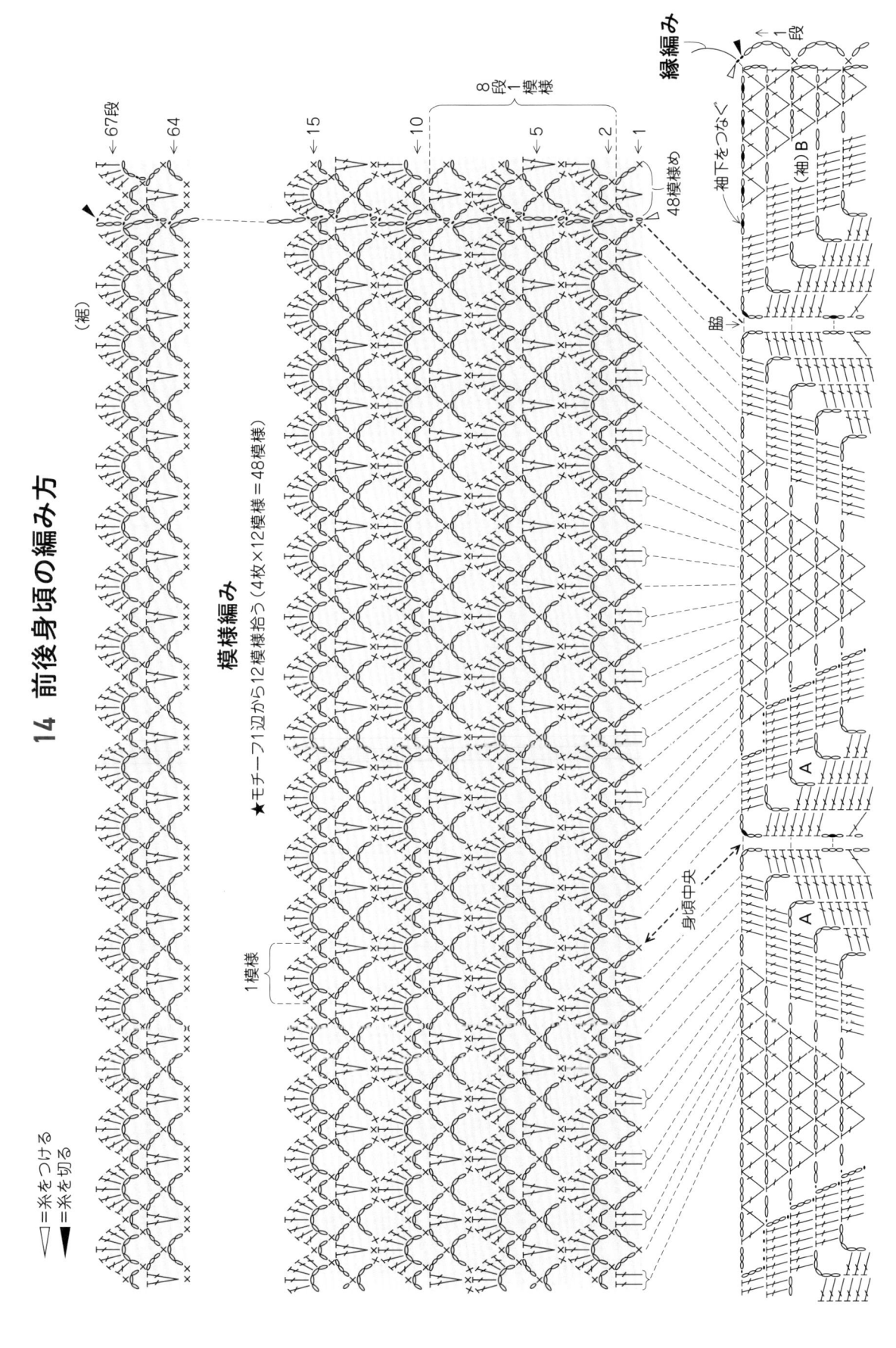

□=糸をつける
▼=糸を切る

模様編み

★モチーフ1辺から12模様拾う（4枚×12模様＝48模様）

縁編み

67段
64
15
10
5
2
1

8段1模様

48模様め

脇

袖下をつなぐ

（袖）B

（裾）

1模様

身頃中央

A

A

# no. 15, 16, 17, 18 ▶▶▶ P.26, P.27, P.28, P.29

材料と用具

糸／ **15** 中細タイプのコットンヤーンのブルー・グリーン系
段染めを175g

糸／ **16** 合太タイプのコットンヤーンの黒×白のミックスを
500g、黒を80g

糸／ **17** 中細タイプのコットンヤーンのピンクを195g、生成
りを65g

糸／ **18** 合太タイプのコットンヤーンのワイン色を510g

針／ **15** 4/0号かぎ針

**16・17・18**共通　3/0号かぎ針

## **15** 後ろ、前身頃、　**18** 後ろ、前身頃・袖

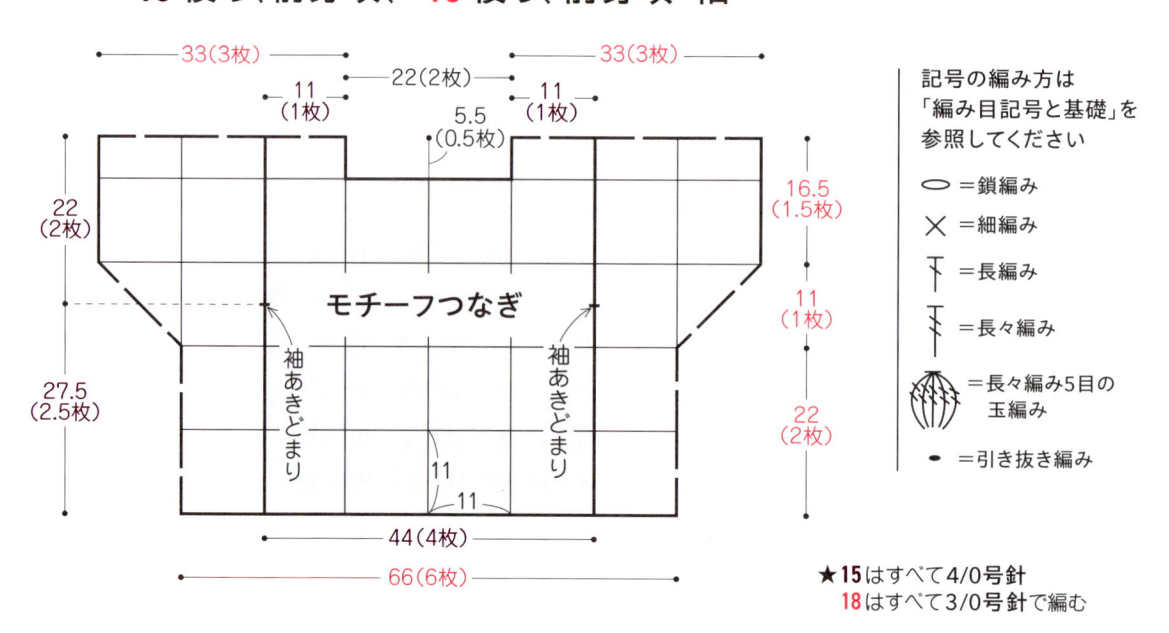

記号の編み方は
「編み目記号と基礎」を
参照してください

⬭ ＝鎖編み

✕ ＝細編み

†＝長編み

╪＝長々編み

＝長々編み5目の
玉編み

• ＝引き抜き編み

★**15**はすべて4/0号針
**18**はすべて3/0号針で編む

■文字のあずき色は**15**、灰色は**16**、えんじは**17**、赤色は**18**、黒は共通です

**ゲージ**
**15・18**共通　モチーフ1枚 11×11cm
**16・17**共通　A・Bモチーフ図参照

**でき上がり寸法**
**15** 胸回り 88cm　着たけ 50.5cm
　　ゆきたけ 23cm
**16** 胸回り 120cm　着たけ 53.5cm
　　ゆきたけ 38.5cm
**17** 胸回り 90cm　着たけ 53.5cm
　　ゆきたけ 23.5cm
**18** 胸回り 132cm　着たけ 50.5cm
　　ゆきたけ 45cm

**編み方要点**
- モチーフは鎖編みの作り目をし、輪にして編みます。**16・17** は指定の配色で編みます。Bモチーフは往復に編みます。
- 2枚めからは最終段で隣り合うモチーフと引き抜き編みでつなぎます。
- モチーフから目を拾い、えりぐり、袖口、袖あき、裾をそれぞれ縁編みで整えます。

## 15・18 モチーフ

6段

5
4
3
2

11
11

★モチーフのつなぎ方は**16・17**と共通

22.5(1.5枚)　30(2枚)　22.5(1.5枚)
10(0.65枚)　25(1.7枚)　10(0.65枚)

**17** 前後えりぐり
**16** 前後えりぐり

| A | B | A | B | B | A | B | A |

**16** 後ろ、前身頃・袖
**17** 後ろ、前身頃
モチーフつなぎ

③ ② ① ④

22.5(1.5枚)

7.5(0.5枚)　袖あきどまり　袖あきどまり　7.5(0.5枚)

15　15

30(2枚)

45(3枚)
60(4枚)

★**16・17**はすべて3/0号針で編む
★指定以外はAモチーフで編む

※ □（袖下）のつなぎ方は78ページ

▷＝糸をつける
◀＝糸を切る

## 16・17 モチーフの配色

| 段数 | 16 | 17 |
|---|---|---|
| 6段 | 黒 | ピンク |
| 5段 | 黒×白ミックス | ピンク |
| 4段 | 黒×白ミックス | 生成り |
| 3段 | 黒×白ミックス | ピンク |
| 2段 | 黒×白ミックス | 生成り |
| 1段 | 黒×白ミックス | ピンク |

## 16 Bモチーフ　　16 Aモチーフ

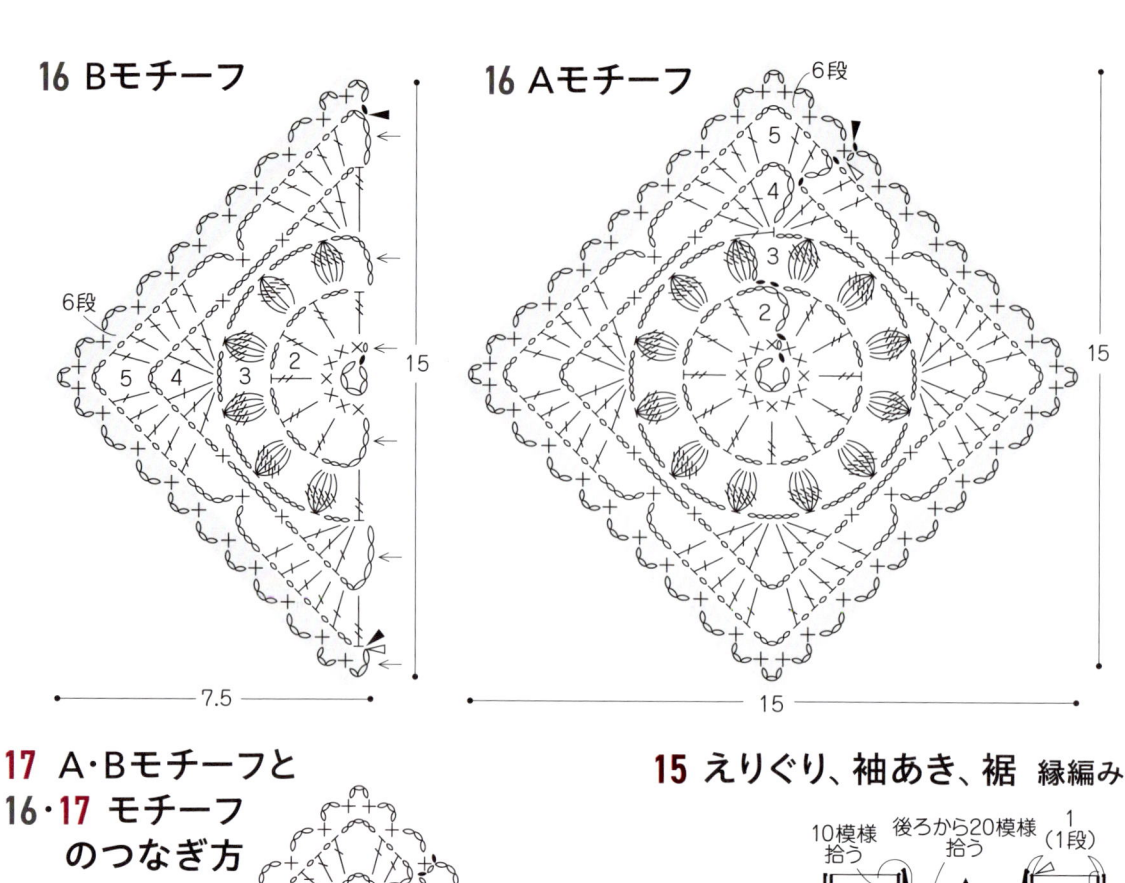

6段

15

7.5

15

15

## 17 A・Bモチーフと
## 16・17 モチーフ
## のつなぎ方

## 15 えりぐり、袖あき、裾　縁編み

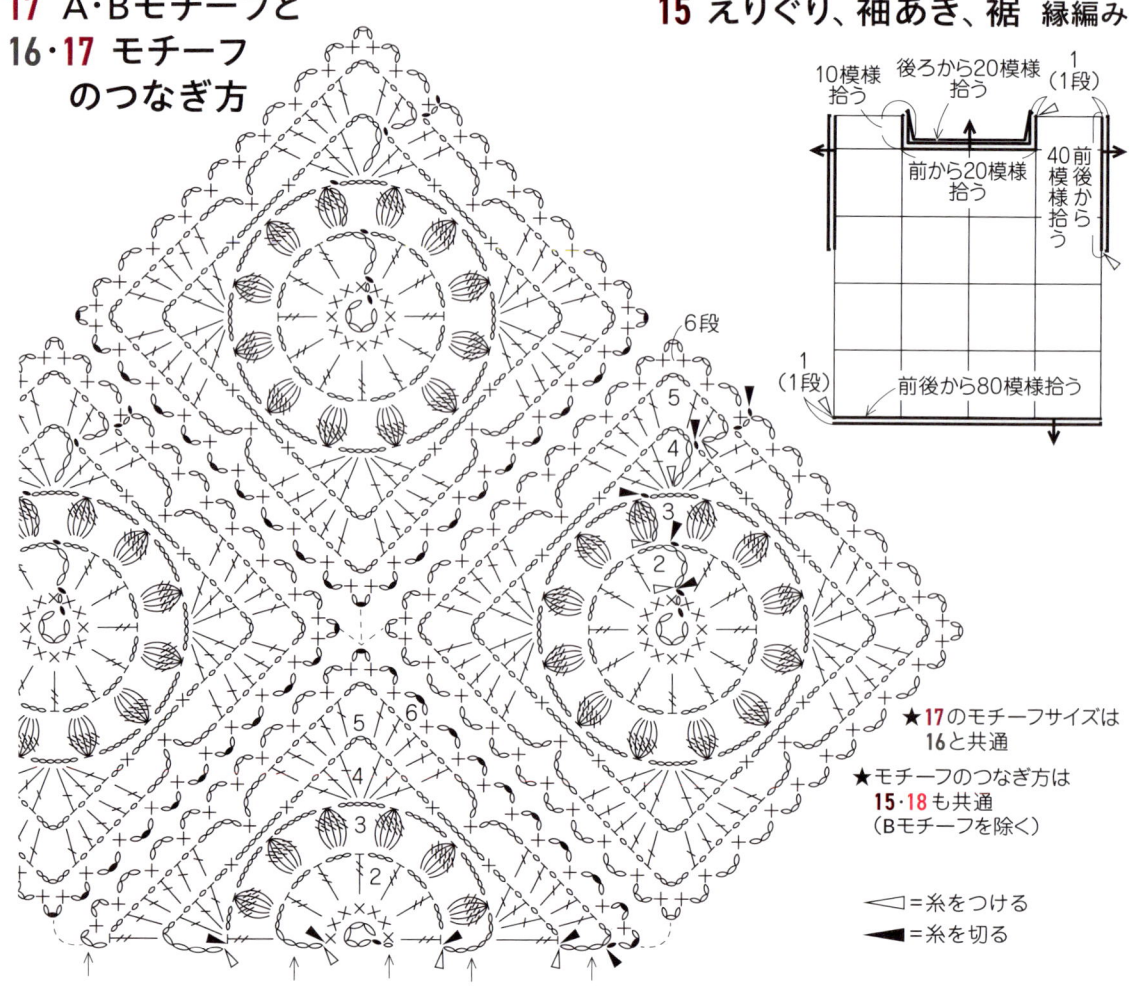

6段

10模様拾う　後ろから20模様拾う　1（1段）

前から20模様拾う

40模様前後から拾う

1（1段）　前後から80模様拾う

★17のモチーフサイズは
16と共通

★モチーフのつなぎ方は
15・18も共通
（Bモチーフを除く）

◁＝糸をつける
◀＝糸を切る

■文字の**あずき色**は**15**、灰色は**16**、えんじは**17**、赤色は**18**、黒は共通です

## 16 えりぐり、袖口、裾 縁編み

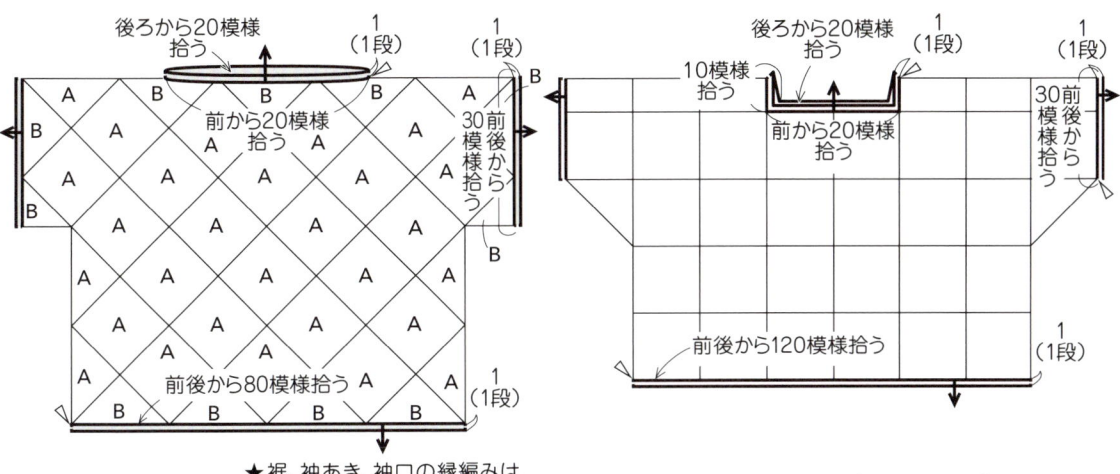

後ろから20模様拾う
1（1段）
1（1段）
B
A　B　B　B　A
前から20模様拾う
30前後から模様拾う
B　A　A
A　A　A
B
A
A　A　A　A
A
A　A　A　A
B
A　A　A　A　A
前後から80模様拾う A
1（1段）
B　B　B　B

★裾、袖あき、袖口の縁編みは
えりぐりと同じ要領で拾って編む

## 18 えりぐり、袖口、裾 縁編み

後ろから20模様拾う
1（1段）
1（1段）
10模様拾う
前から20模様拾う
30前後から模様拾う
前後から120模様拾う
1（1段）

## 18 袖下のつなぎ方

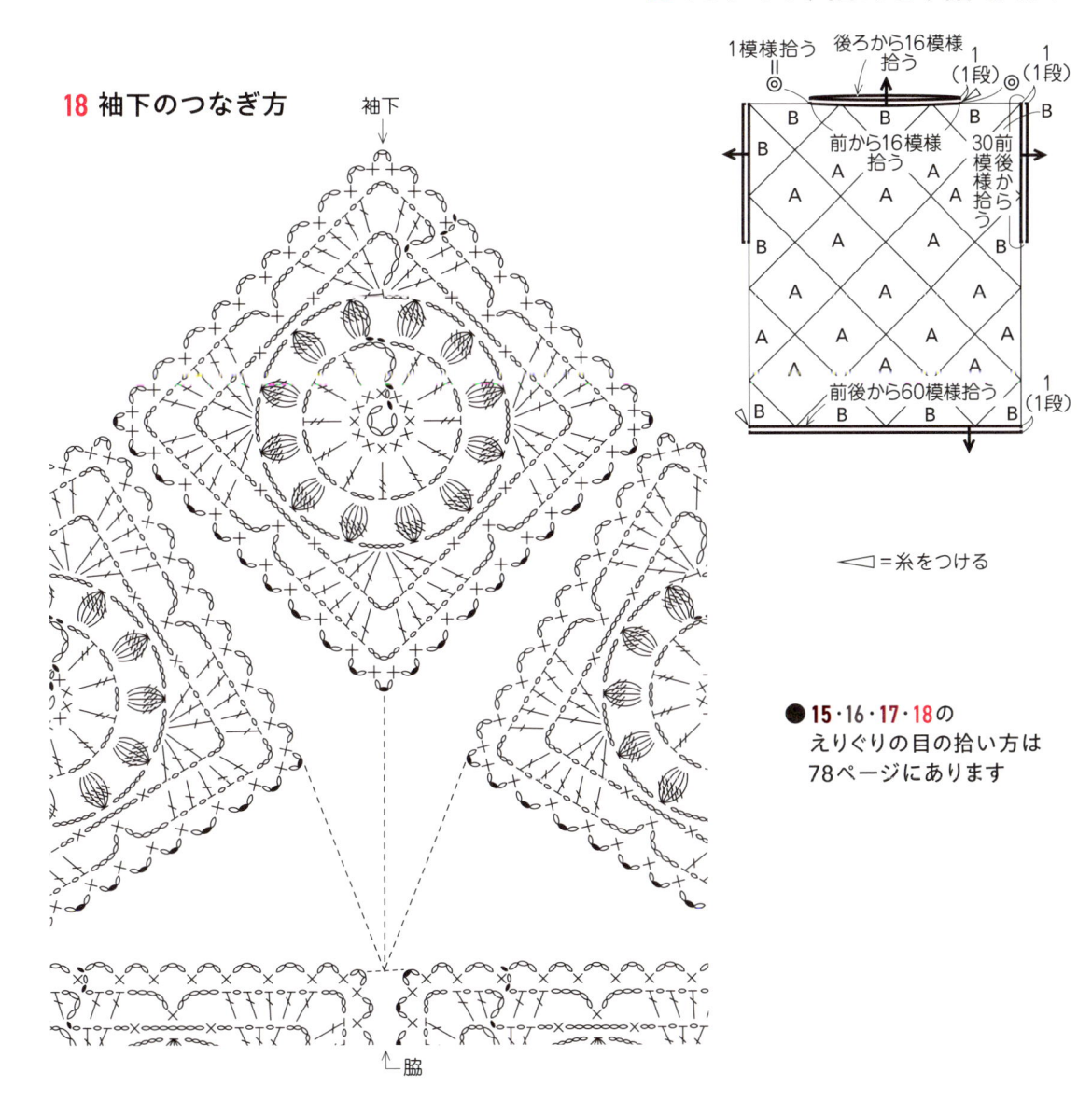

袖下

脇

## 17 えりぐり、袖あき、裾 縁編み

1模様拾う
後ろから16模様拾う
1（1段）
1（1段）
B　B　B　B
前から16模様拾う
30前後から模様拾う
B　A　A
A　A　A
B
A　A　A
A　A　A
前後から60模様拾う
1（1段）
B　B　B

◁ ＝糸をつける

● 15・16・17・18の
えりぐりの目の拾い方は
78ページにあります

## 15・18 えりぐりの目の拾い方（縁編み）

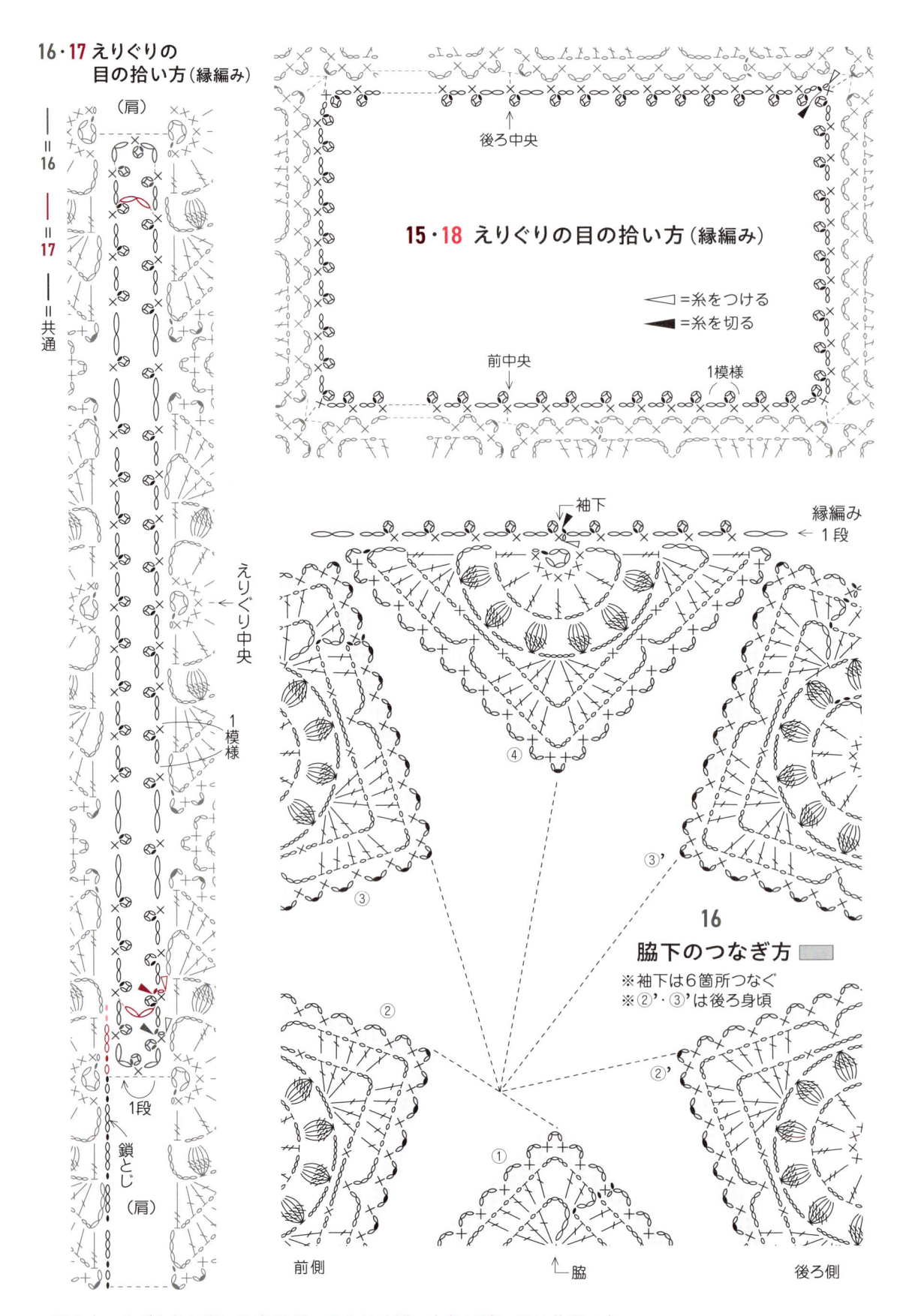

◁ =糸をつける

◀ =糸を切る

後ろ中央

前中央

1模様

（肩）

= 16

= 17

= 共通

えりぐり中央

1模様

1段

鎖とじ

（肩）

袖下

縁編み
← 1段

### 16
## 脇下のつなぎ方

※袖下は6箇所つなぐ
※②'・③'は後ろ身頃

前側

↑脇

後ろ側

■文字のあずき色は **15**、灰色は **16**、えんじは **17**、赤色は **18**、黒は共通です

# no. 19, 20 ▶▶▶ P.36 , P.37

▶▶▶ P.36 , P.37

## 材料と用具

糸／ **19** DMC ナチュラ（50g巻・約150m …中細タイプ）のN48（ケリーグリーン）を480g（10玉）

糸／ **20** スキー毛糸　フードテキスタイル（25g巻・約79m…合太タイプ）の5（サーモンピンク）を520g（21玉）

針／ **19・20** 共通
3号2本・4本棒針　3/0号かぎ針

## ゲージ 10cm四方

**19・20** 共通　A模様 1模様（2.1cm）
10段（10cm）
B模様 29目（10cm）
6段（3.5cm）

## でき上がり寸法

**19** 胸回り 104cm　着たけ 49.5cm
ゆきたけ 59cm

**20** 胸回り 104cm　着たけ 65.5cm
ゆきたけ 49cm

## 編み方要点

■ 後ろ、前は一般的な作り目をして1目ゴム編みを編んで伏せどめます。A模様にかえて伏せどめから目を拾い、脇たけと袖つけたけを増減なく編みます。袖つけどまりに糸印をつけ、えりぐりを減らします。

■ 袖は身頃と同じ作り目をして1目ゴム編みを編んで伏せどめます。A模様にかえて伏せどめから目を拾い、袖下の増し目をしながら編みます。B模様にかえて増減なく編みます。

■ 肩は鎖はぎで合わせ、袖つけ回りを細編みで整えます。

■ 脇と袖下はそれぞれすくいとじと鎖とじで合わせます。

■ えりぐりは細編みと1目ゴム編みを輪に編んで、輪の1目ゴム編みどめにします。

■ 袖は身頃に巻きはぎでつけます。

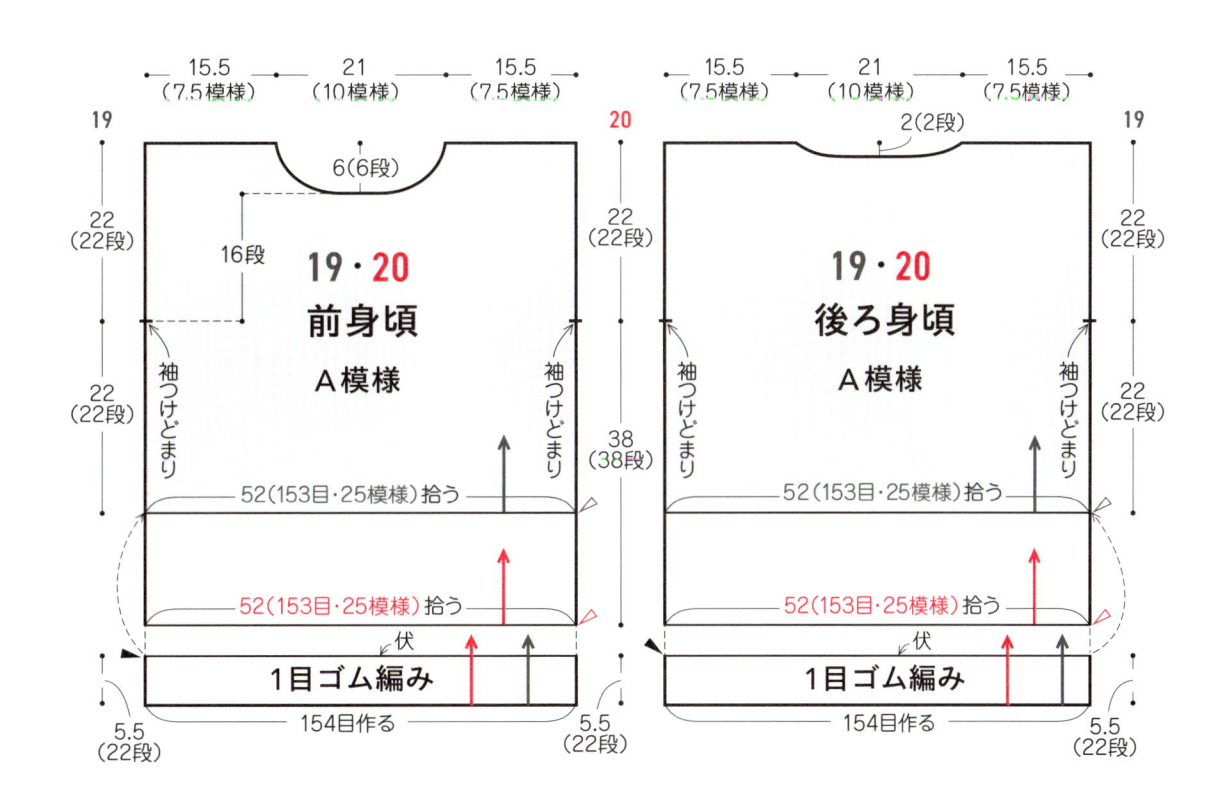

■文字の灰色は**19**、**赤色は20**、黒は共通です

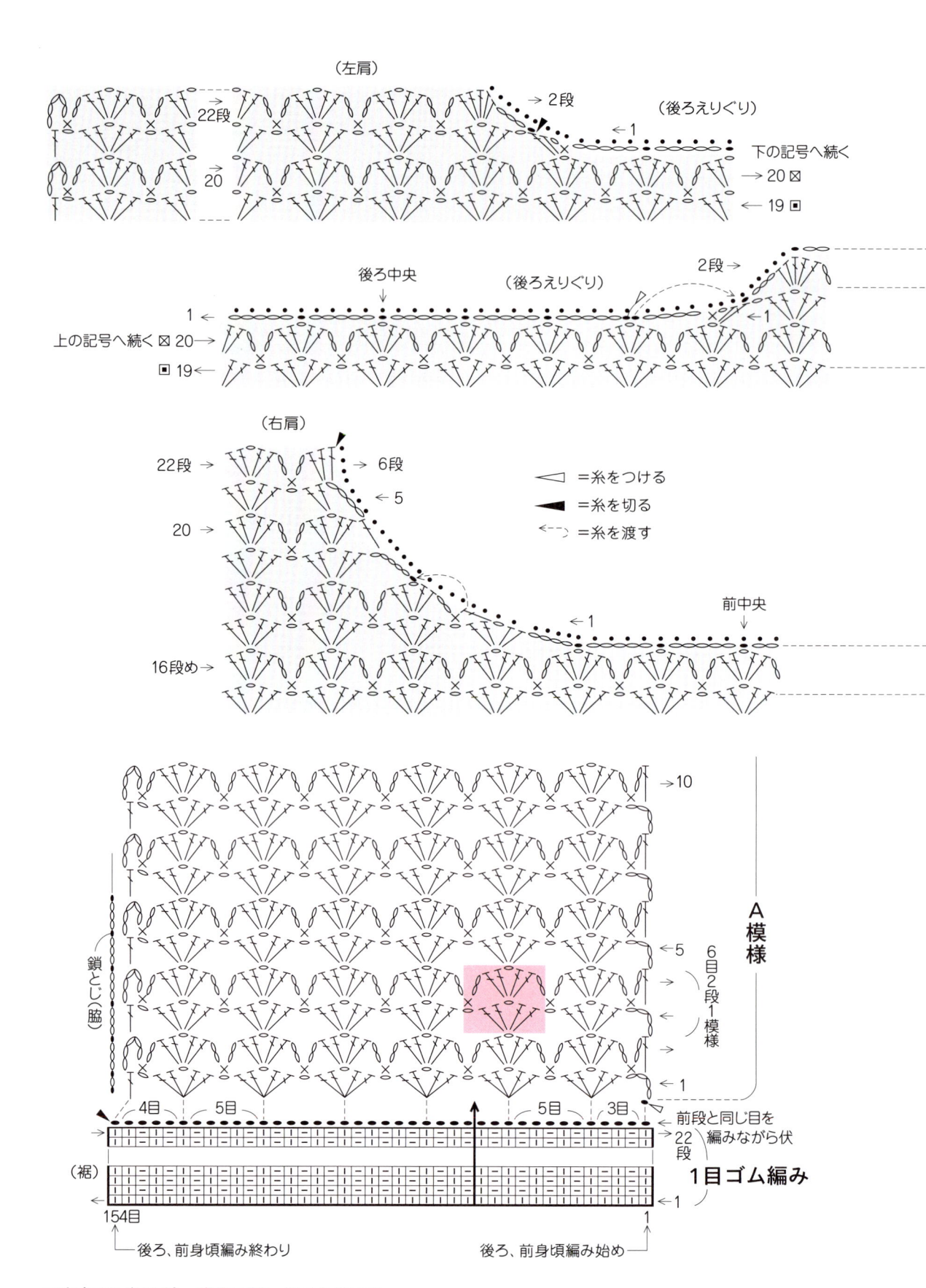

（左肩）

22段　→2段　（後ろえりぐり）　→1　下の記号へ続く　→20 ⊠　←19 ▣

後ろ中央　（後ろえりぐり）　2段→　1←　1←　上の記号へ続く⊠ 20→　▣ 19←

（右肩）　22段→　→6段　←5　20→　←1　前中央　16段め→

◁ ＝糸をつける
◀ ＝糸を切る
←⌐ ＝糸を渡す

→10　A 模様　←5　6目2段1模様　→1

（鎖とじ脇）

4目　5目　5目　3目　前段と同じ目を編みながら伏　22段　1目ゴム編み　←1

（裾）

154目　1

←後ろ、前身頃編み終わり　後ろ、前身頃編み始め→

■文字の灰色は19、赤色は20、黒は共通です

# 19・20 後ろ、前身頃の編み方図

◆作品19と20の編み方図を同時に表示して
あります。脇たけ以外は2点共通です。
確認してから編み始めてください。

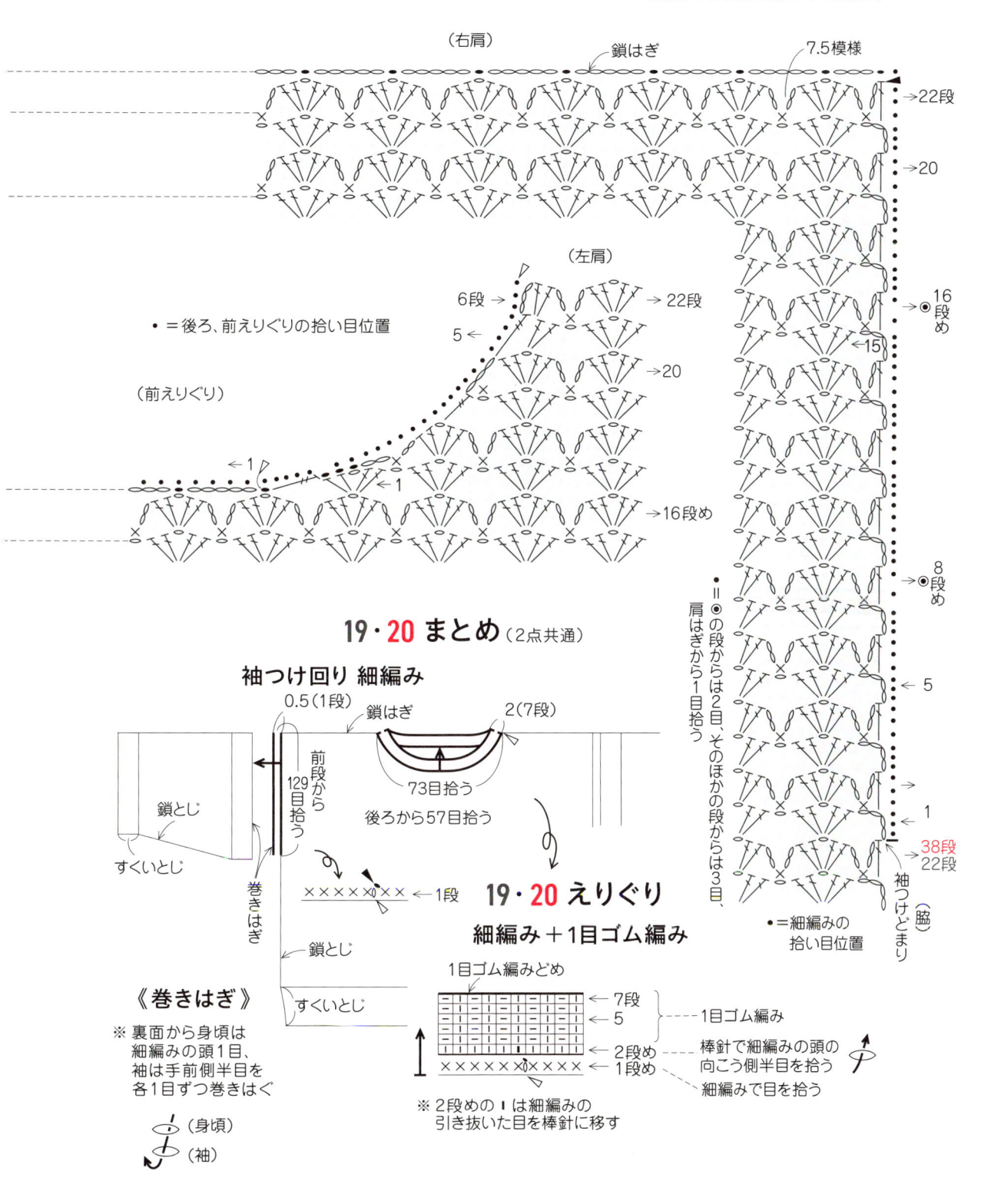

（右肩）　鎖はぎ　7.5模様

→22段
→20

（左肩）
6段　→22段
5　→20

・=後ろ、前えりぐりの拾い目位置

（前えりぐり）

←1
←1　→16段め

→16段め
←15

◉16段め
◉8段め
5
1
38段
22段

＝◉の段からは2目、そのほかの段からは3目、肩はぎから1目拾う

・=細編みの拾い目位置

袖つけどまり（脇）

## 19・20 まとめ（2点共通）

### 袖つけ回り 細編み

0.5（1段）　鎖はぎ　2（7段）

前段から129目拾う

73目拾う

後ろから57目拾う

鎖とじ
すくいとじ
巻きはぎ
鎖とじ
すくいとじ

×××××××× ←1段

## 19・20 えりぐり

### 細編み＋1目ゴム編み

1目ゴム編みどめ

←7段
←5
←2段め
←1段め

1目ゴム編み
棒針で細編みの頭の向こう側半目を拾う
細編みで目を拾う

※2段めの Ⅰは細編みの
引き抜いた目を棒針に移す

### 《巻きはぎ》

※裏面から身頃は
細編みの頭1目、
袖は手前側半目を
各1目ずつ巻きはぐ

（身頃）
（袖）

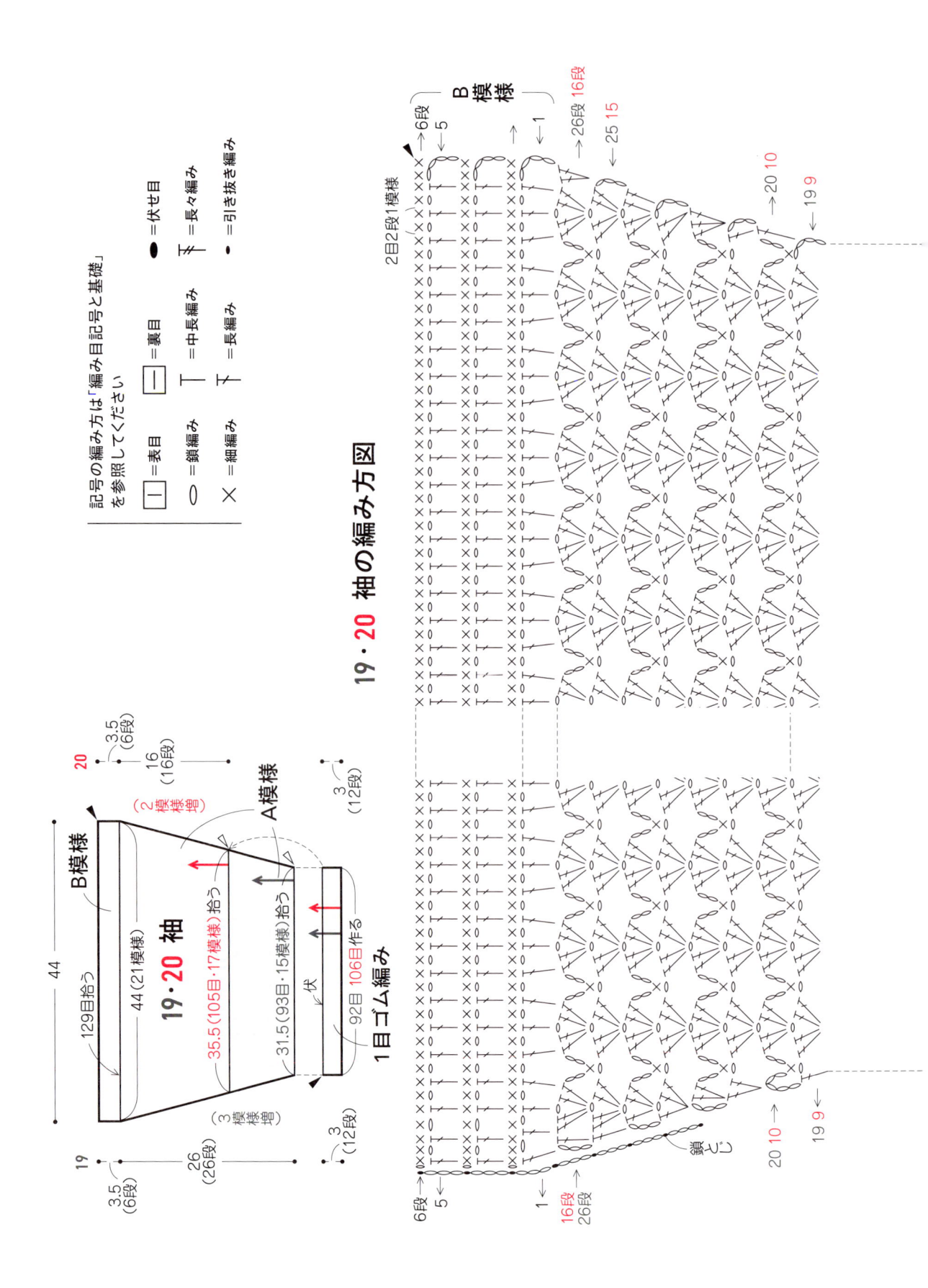

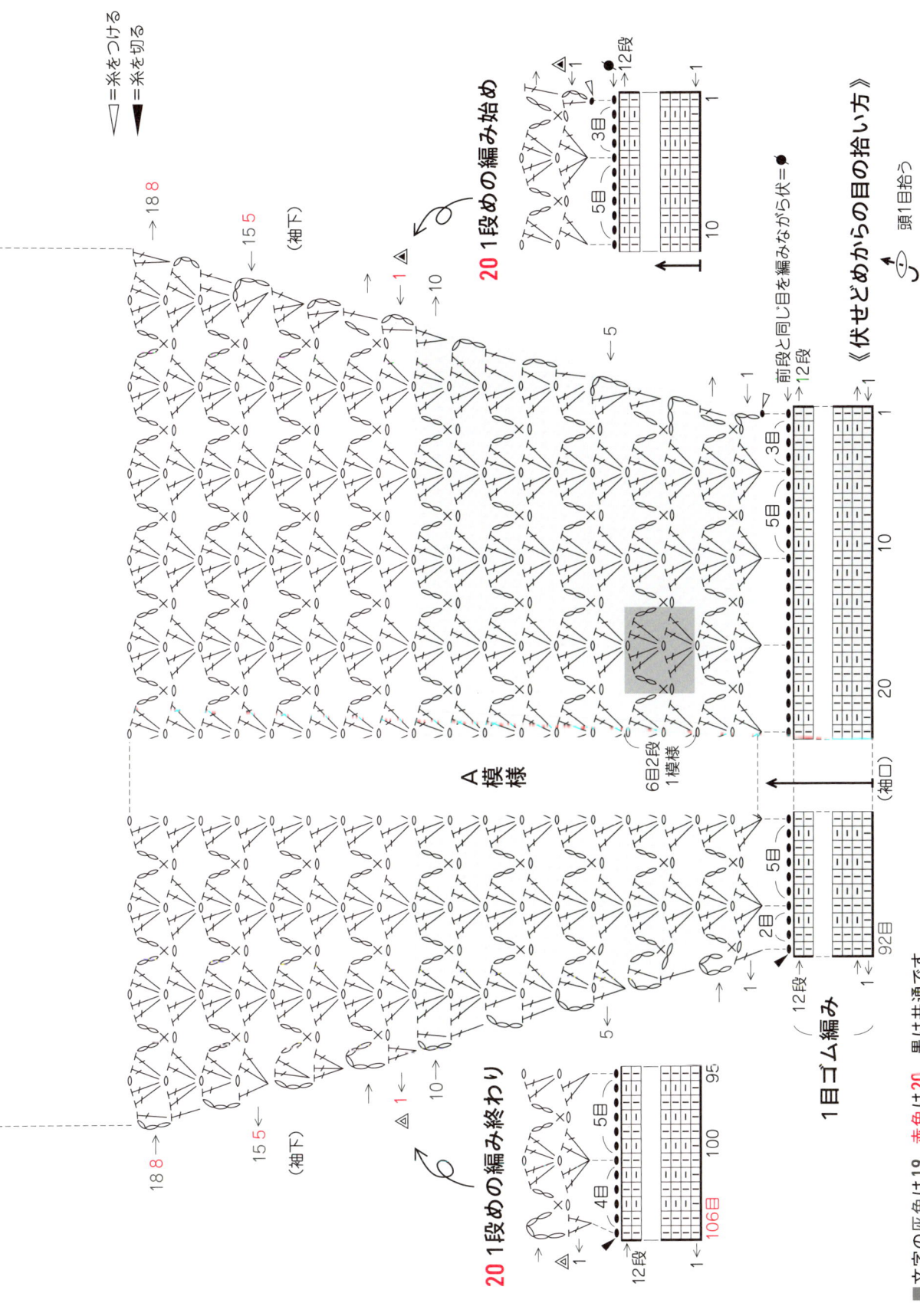

■文字の灰色は19、赤色は20、黒は共通です

83

# no. 21, 22 ▶▶▶ P.38, P.39

## 材料と用具

糸／ 21　合太タイプのコットンヤーン（35g巻・約103m）のローズレッドを490g（14玉）

糸／ 22　合太タイプのサマーヤーン（30g巻・約100m）のゴールドキウイを465g（16玉）

針／ 21・22 共通　5/0号かぎ針

付属品／ 21・22 共通　直径1.1cmのボタンを各1個

## ゲージ 10cm四方

21・22 共通　A模様 25.5目 12段
　　　　　　 B模様 31.5目 10段

## でき上がり寸法

21　胸回り 108cm　着たけ 55.5cm
　　ゆきたけ 60.5cm

22　胸回り 108cm　着たけ 69.5cm
　　ゆきたけ 48.5cm

## 編み方要点

■ 後ろ、前身頃は鎖編みの作り目をしてA模様、B模様で肩まで増減なく編みますが、えりぐりを減らします。

■ 21の前身頃、22の後ろ身頃は左右対称に2枚編みます。

■ 袖は身頃と同じ作り目をしてA模様を編み、B模様にかえて袖下で増し目をしながら編みます。

■ 肩は鎖はぎ、脇と袖下は鎖とじで合わせます。

■ 裾・21の前端 22の後ろ端・えりぐりから目を拾い、細編み1段で整えます。21の前端 22の後ろ端・えりぐりは細編みから目を拾い、縁編みを編みます。

■ 袖口は細編みで整えます。袖を身頃に鎖とじでつけ、ボタンをつけて仕上げます。

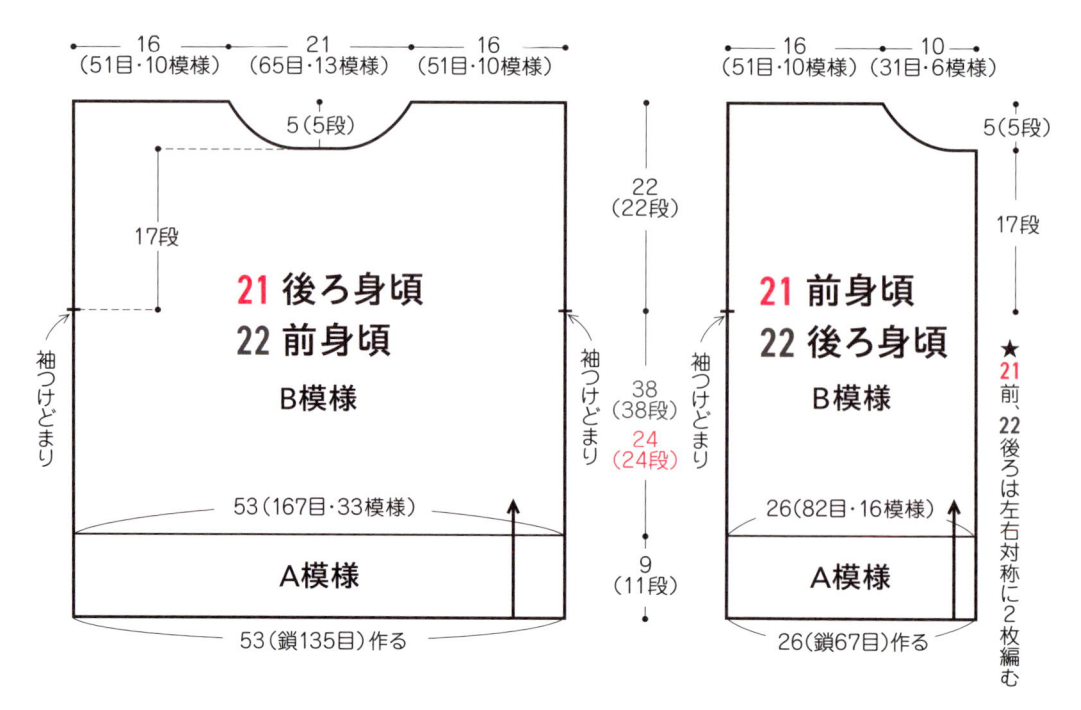

◆作品 21・22 の製図は写真の着用状態で後ろ、前身頃と分けていますが、前後どちらでも着用できる作品です。

■文字の赤色は21、灰色は22、黒は共通です

## 21・22 A・B模様

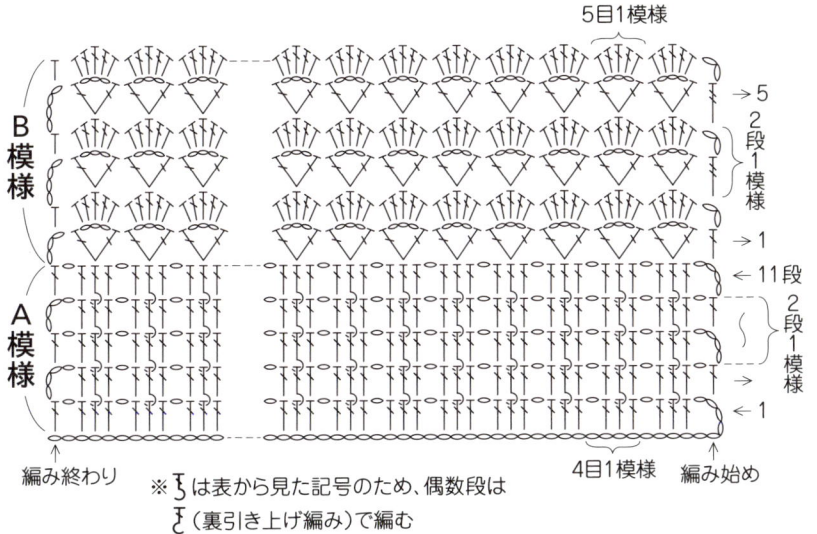

5目1模様

B模様

A模様

編み終わり

※ は表から見た記号のため、偶数段は
（裏引き上げ編み）で編む

5
2段1模様
1
11段
2段1模様
1
4目1模様　編み始め

▷ = 糸をつける
◀ = 糸を切る

## 21・22 裾、袖口 細編み
## 前端 後ろ端・えりぐり 細編み＋縁編み

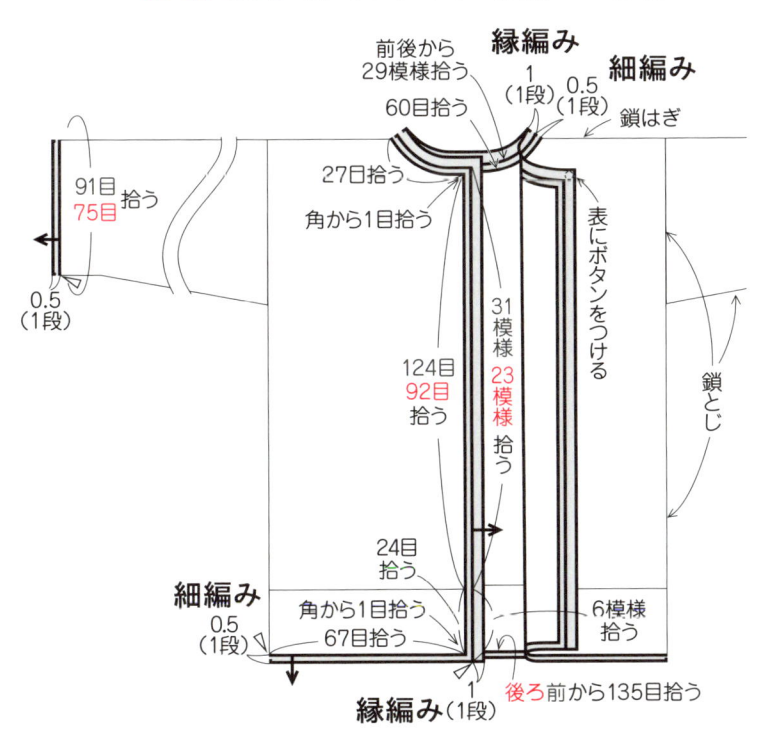

縁編み
細編み

前後から29模様拾う
60目拾う
27目拾う
角から1目拾う

1（1段）　0.5（1段）　鎖はぎ

表にボタンをつける

91目拾う
75目

0.5（1段）

31模様　23模様拾う

124目　92目拾う

鎖とじ

24目拾う

細編み
0.5（1段）

角から1目拾う
67目拾う

6模様拾う

縁編み（1段）　後ろ前から135目拾う

## 21・22 細編み＋縁編み（前端 後ろ端・えりぐり）

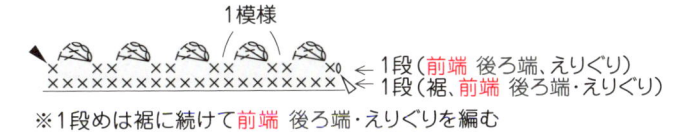

1模様

1段（前端 後ろ端、えりぐり）
1段（裾、前端 後ろ端・えりぐり）

※1段めは裾に続けて前端 後ろ端・えりぐりを編む

## 21・22 袖のつけ方

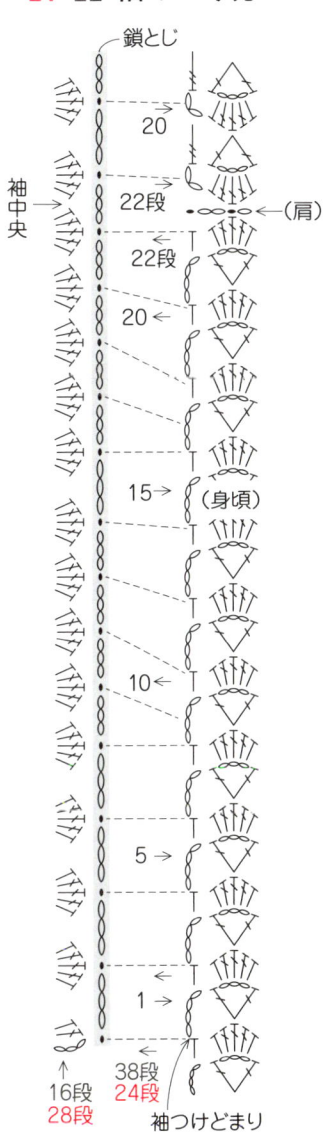

鎖とじ

袖中央

20
22段
22段
20
15→（身頃）

（肩）

10←

5→

1←

16段　38段
28段　24段
袖つけどまり

# 21・22 後ろ、前身頃の編み方図

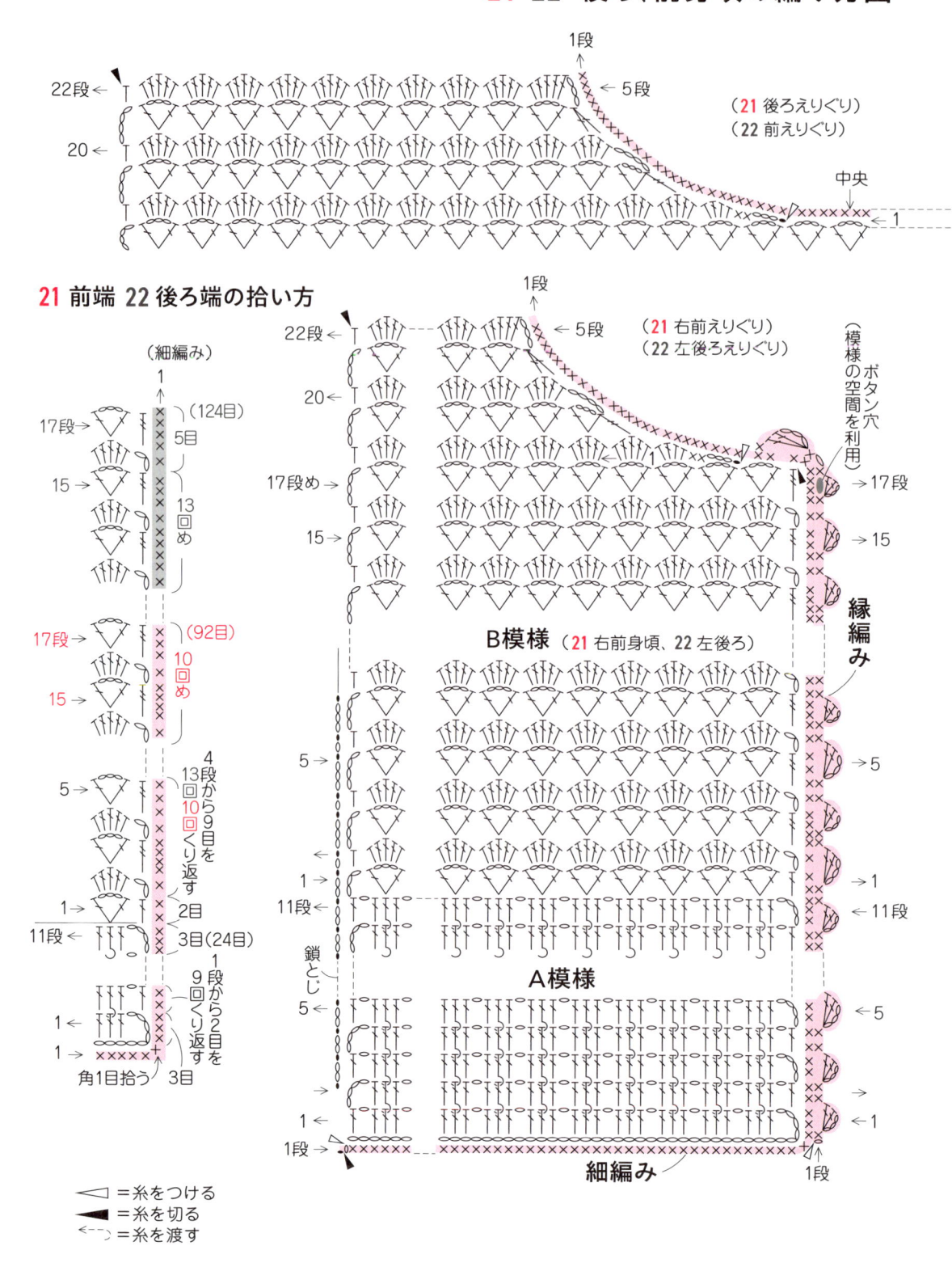

■文字の赤色は21、灰色は22、黒は共通です

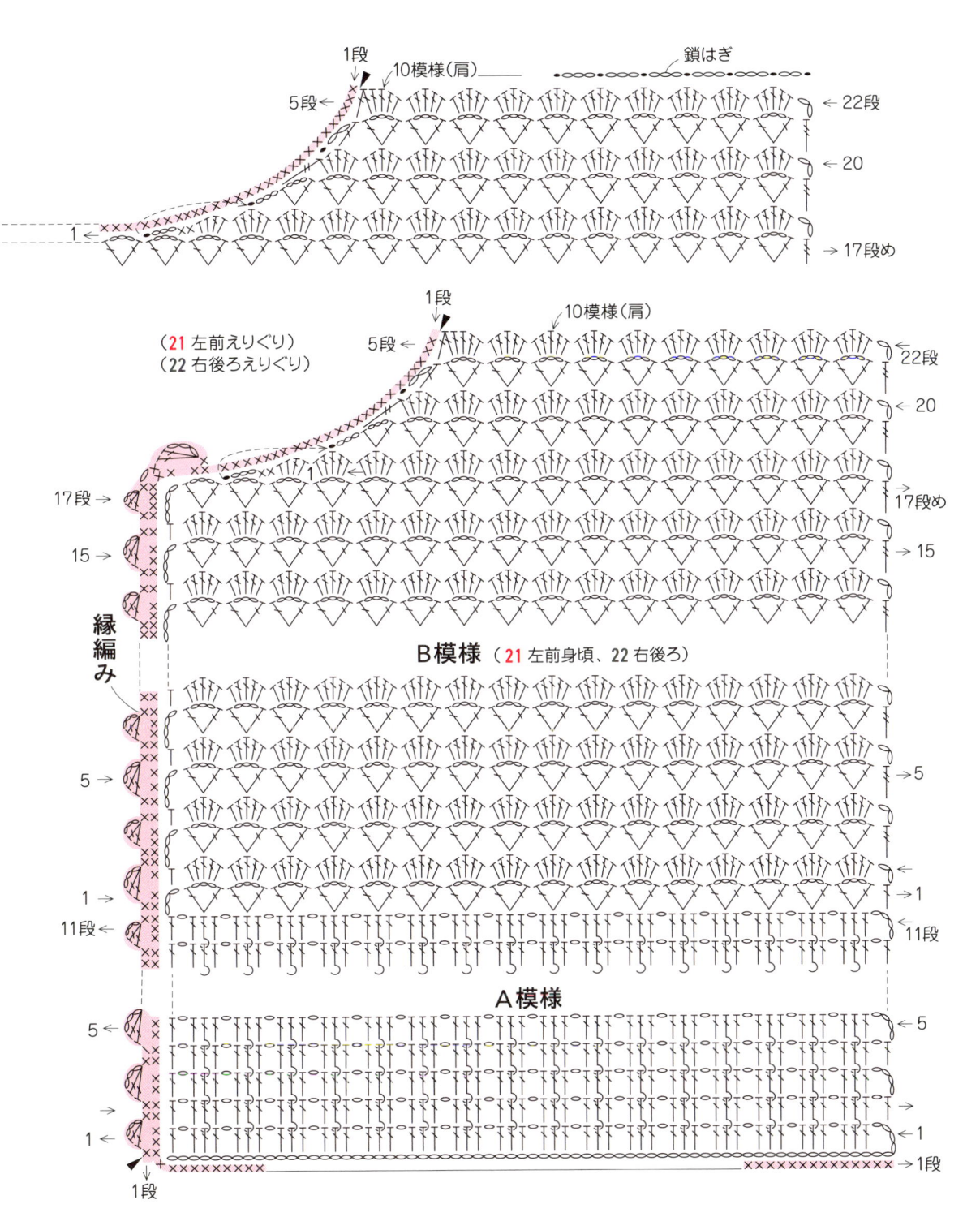

記号の編み方は「編み目記号と基礎」を参照してください

◯ = 鎖編み　　✕ = 細編み　　T = 中長編み　　 = 長編み　　 = 長々編み

 = 長編み2目一度　　 = 長編み2目　　 = 表引き上げ編み（長編み）　　● = 引き抜き編み

## 21・22 袖の編み方図

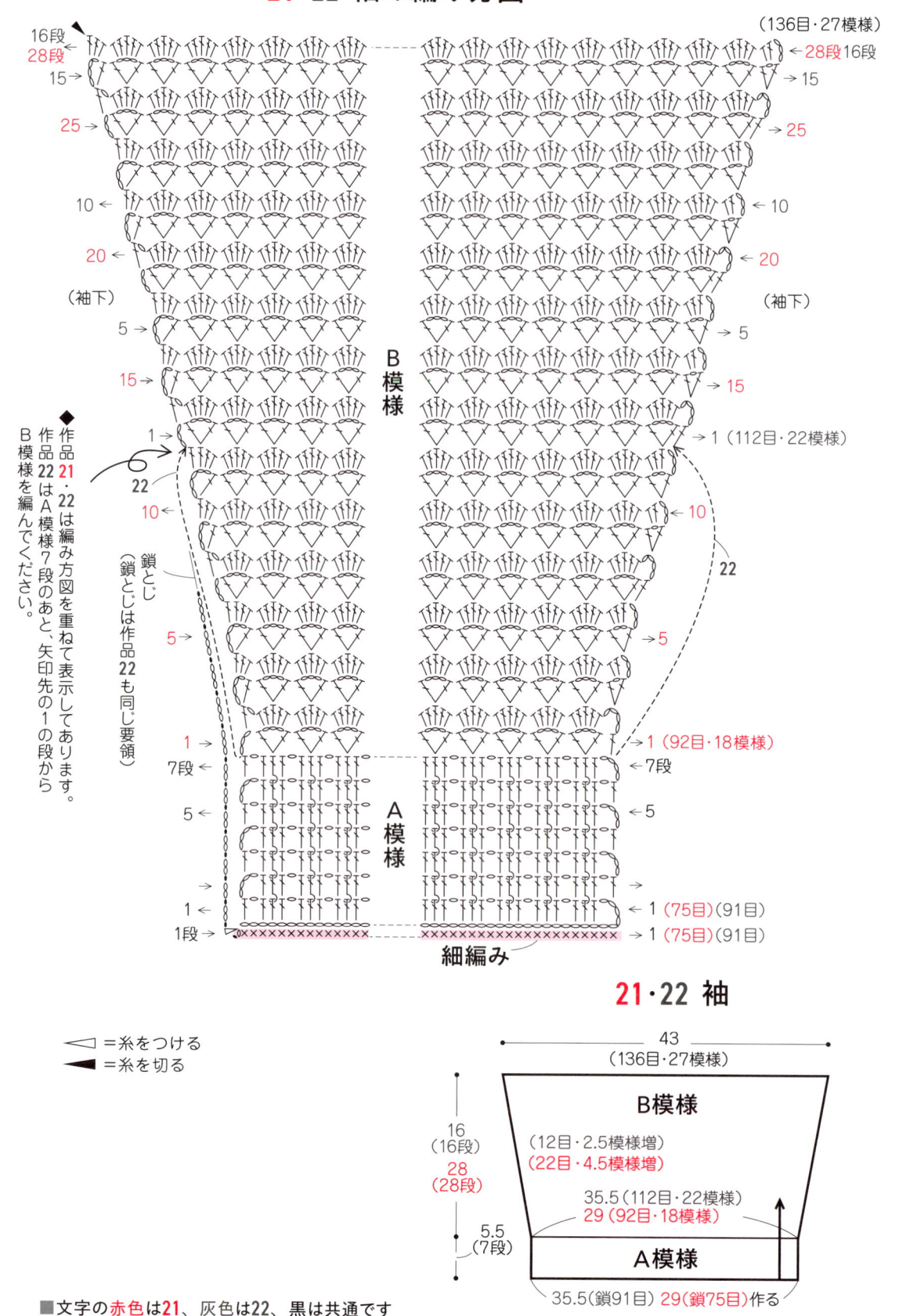

（136目・27模様）

16段 ← 28段16段
28段
15 → 15
25 → 25
10 ← ← 10
20 ← ← 20
（袖下） （袖下）
5 → 5
15 → 15
B模様
1（112目・22模様）
1
22
10 → 10
22
鎖とじ
（鎖とじは作品22も同じ要領）
5 → 5
1 1（92目・18模様）
7段 ← 7段
5 ← 5
A模様
1 ← 1（75目）（91目）
1段 1（75目）（91目）
細編み

◆作品 21・22 は編み方図を重ねて表示してあります。作品22はA模様7段のあと、矢印先の1の段からB模様を編んでください。

◁ =糸をつける
◀ =糸を切る

## 21・22 袖

43
（136目・27模様）

B模様
（12目・2.5模様増）
（22目・4.5模様増）

35.5（112目・22模様）
29（92目・18模様）

16
（16段）
28
（28段）

A模様

5.5
（7段）

35.5（鎖91目）29（鎖75目）作る

■文字の赤色は21、灰色は22、黒は共通です

# no.25, 26 ▶▶▶ P.42, P.43

▶▶▶ P.42, P.43

## 材料と用具

糸／**25** 合太タイプのサマーヤーン（30g巻・約120m）のクラシックピンクを285g（10玉）

糸／**26** ユザワヤ ワンダーコットン（200g巻・約800m…合太タイプ）の9（ミントグリーン・生成り系段染め）を250g（2玉）

針／**25・26**共通　4/0号かぎ針

## ゲージ

**25** 模様編みヨーク1模様（4.5〜8cm）
13段（10cm）
身頃、袖1模様（8cm）13段（10cm）

**26** 模様編みヨーク1模様（5〜8.5cm）
11段（10cm）
身頃、袖1模様（8.5cm）11段（10cm）

## でき上がり寸法

**25** 胸回り 96cm　着たけ 51cm
ゆきたけ 50.5cm

**26** 胸回り 102cm　着たけ 59.5cm
ゆきたけ 40.5cm

## 編み方要点

■ 前後ヨークは鎖編みの作り目をして輪にし、模様編みで編みます。左右袖分の目は休ませます。

■ まちはヨークの指定位置に共糸で糸をつけ、鎖23目を編んで引き抜き編みでヨークに編みつけます。

■ 前後身頃はまち中央に糸をつけ、後ろ・まち・前・まちの順に目を拾って模様編みとa縁編みを増減なく編みます。

■ **25**の袖、**26**の袖ぐりはまち中央付近の指定位置に糸をつけ、まち・ヨーク・まちの順に目を拾って**25**は模様編みとa縁編み、**26**はa縁編みを輪に編みます。

■ えりぐりはb縁編みを輪に編みます。

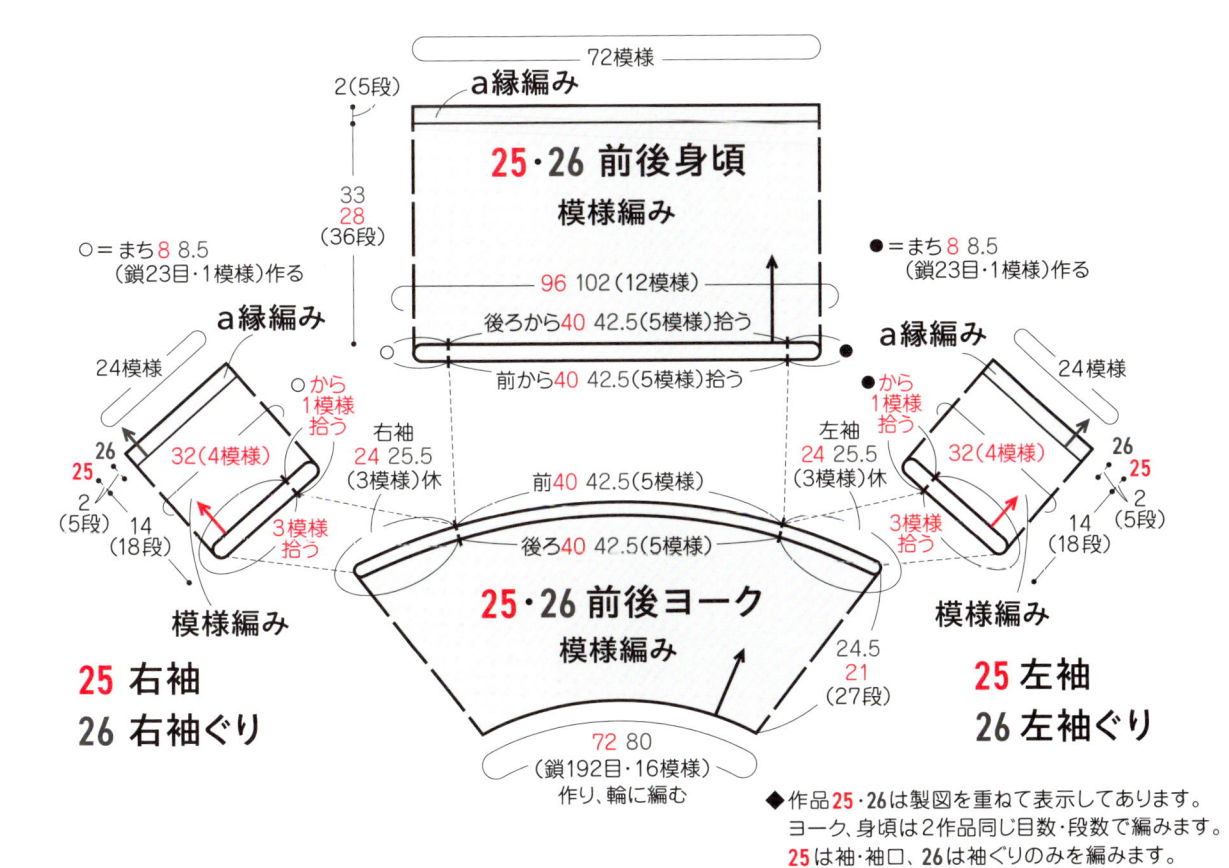

◆作品**25・26**は製図を重ねて表示してあります。ヨーク、身頃は2作品同じ目数・段数で編みます。**25**は袖・袖口、**26**は袖ぐりのみを編みます。確認してから編み始めてください。

■文字の赤色は**25**、灰色は26、黒は共通です

# 25·26 前後ヨークの編み方図

= 模様編み1模様

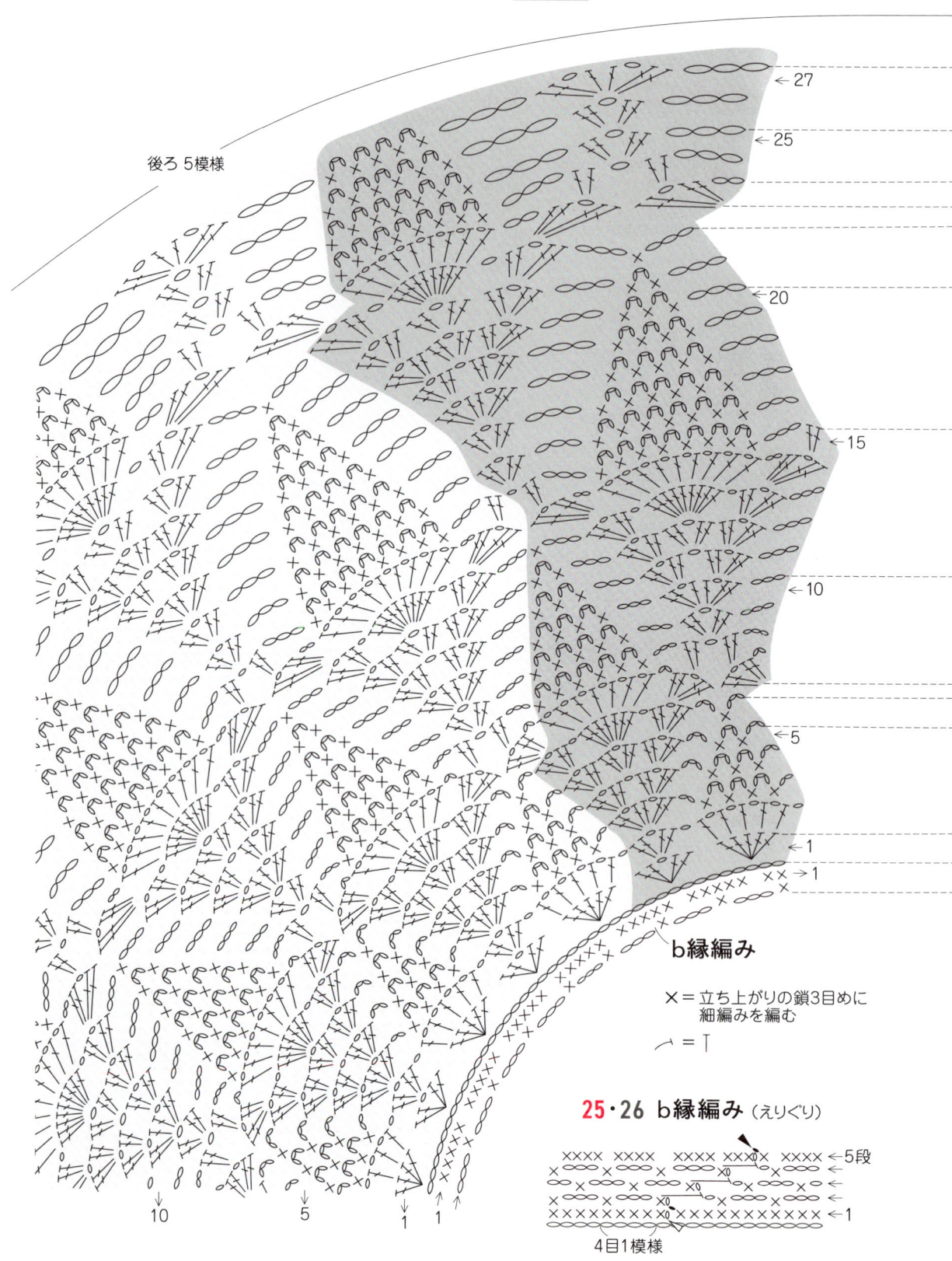

後ろ 5模様

←27
←25
←20
←15
←10
←5
←1
←1

**b縁編み**

×= 立ち上がりの鎖3目めに
細編みを編む

⌒ = ̄|

## 25·26 b縁編み (えりぐり)

←5段
←1

4目1模様

10  5  1  1

■文字の赤色は25、灰色は26、黒は共通です

90

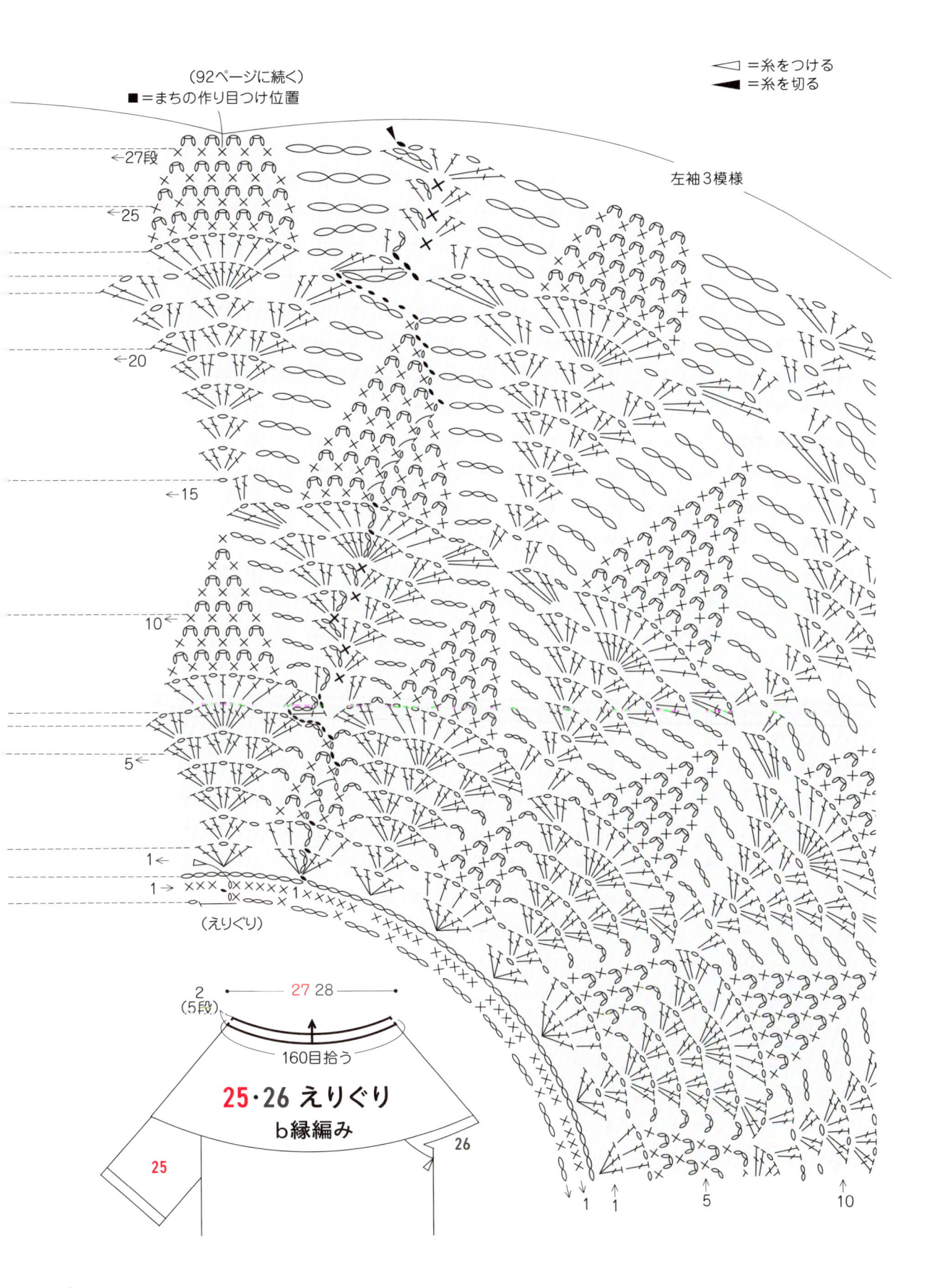

（92ページに続く）

■=まちの作り目つけ位置

◁=糸をつける
◀=糸を切る

←27段

←25

左袖3模様

←20

←15

10←

5←

1←

1→

（えりぐり）

2
(5段)

27  28

160目拾う

**25・26 えりぐり**
b縁編み

25

26

1  1          5          10

# 25·26 前後身頃の編み方図

◁＝糸をつける
◀＝糸を切る

▨＝模様編み1模様

a縁編み

※まちの右側は作り目を左側と対称の同じ位置につける

×＝立ち上がりの鎖3目めに細編みを編む

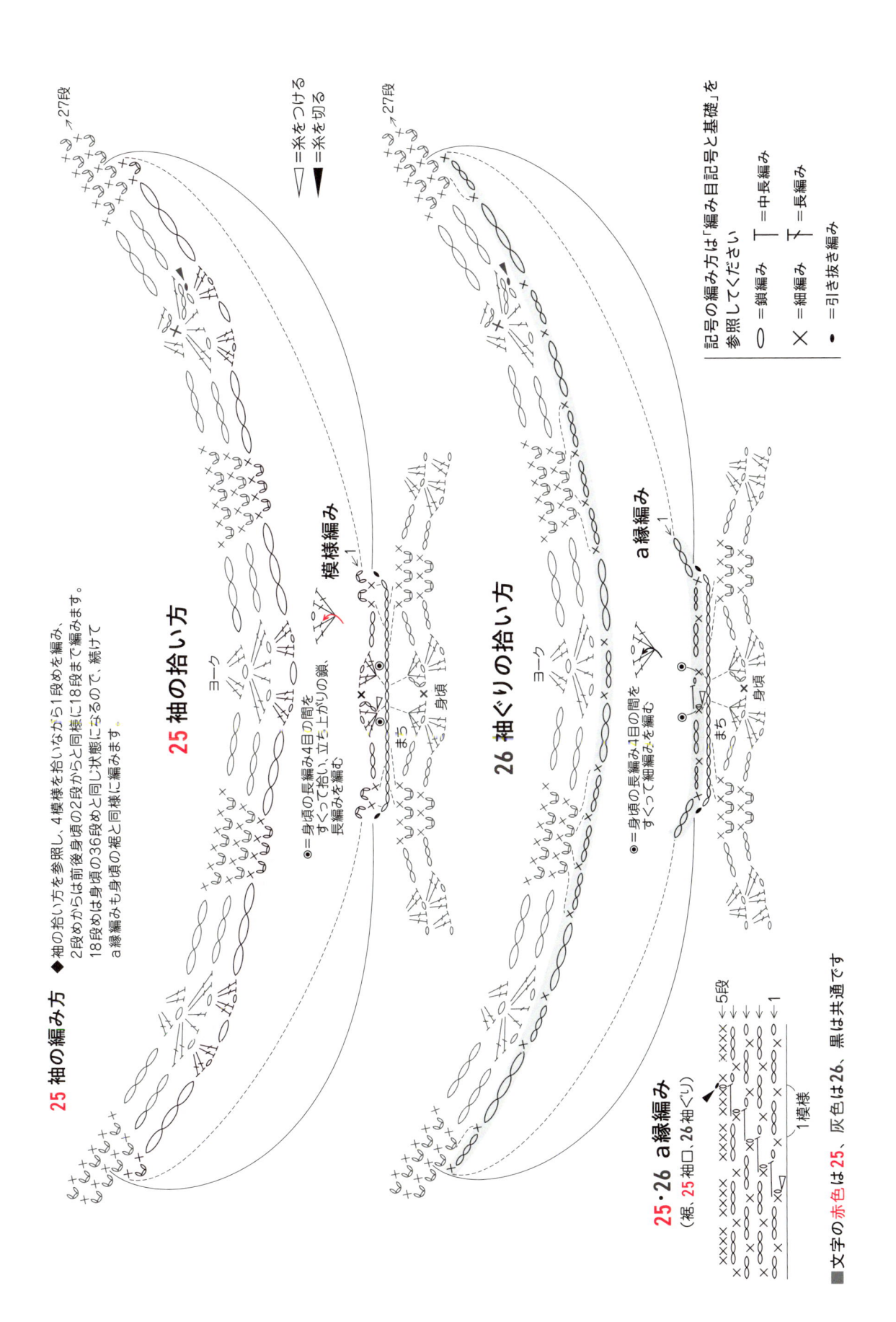

## 25 袖の編み方

◆袖の拾い方を参照し、4模様を拾いながら1段めを編み、2段めからは前後身頃の2段めからと同様に18段まで編みます。18段めは身頃の36段めと同じ状態になるので、続けてa縁編みも身頃の裾と同様に編みます。

## 25 袖の拾い方

ヨーク

◎=身頃の長編み4目の間をすくって拾い、立ち上がりの鎖、長編みを編む

模様編み

## 26 袖ぐりの拾い方

ヨーク

◎=身頃の長編み4目の間をすくって細編みを編む

a 縁編み

まち　身頃

## 25・26 a 縁編み
(裾、25袖口、26袖ぐり)

←5段

1

1模様

□=糸をつける　▲=糸を切る

記号の編み方は「編み目記号と基礎」を参照してください

○=鎖編み　Т=中長編み
×=細編み　下=長編み
•=引き抜き編み

■文字の赤色は25、灰色は26、黒は共通です

93

# no. 23 , 24 ▸▸▸ P.40 , P.41

## 材料と用具

糸／**23** オリムパス さらら（30g巻・約118m…合太タイプ）の6（紺系ラメ入りミックス）を350g（12玉）

糸／**24** オリムパス エミーグランデ（50g巻・約218m…合細タイプ）の244（ペパーミントグリーン）を270g（6玉）

針／**23** 4/0号かぎ針

**24** 3/0号かぎ針

## ゲージ 10cm四方

**23** A模様 29目11.5段 B模様 29目16段

**24** A模様 31.5目12.5段
B模様 31.5目18.5段

## でき上がり寸法

**23** 胸回り 108cm 着たけ 56cm
ゆきたけ 48cm

**24** 胸回り 96cm 着たけ 51cm
ゆきたけ 34.5cm

## 編み方要点

■ 身頃中央は鎖編みの作り目をしてA模様で編み、えりぐりを減らします。

■ 身頃脇・袖は身頃中央から目を拾い、B模様で袖下を晴らしながら編みます。B模様は1段めを編んだら糸を切り、2段めに新たに糸をつけて編みます。

■ 裾はB模様の段、A模様の作り目から目を拾い、a縁編みを編みます。

■ 肩は鎖とじ、脇・袖下は鎖はぎで合わせます。

■ えりぐりと袖口はそれぞれb縁編みを輪の往復編みで編みます。

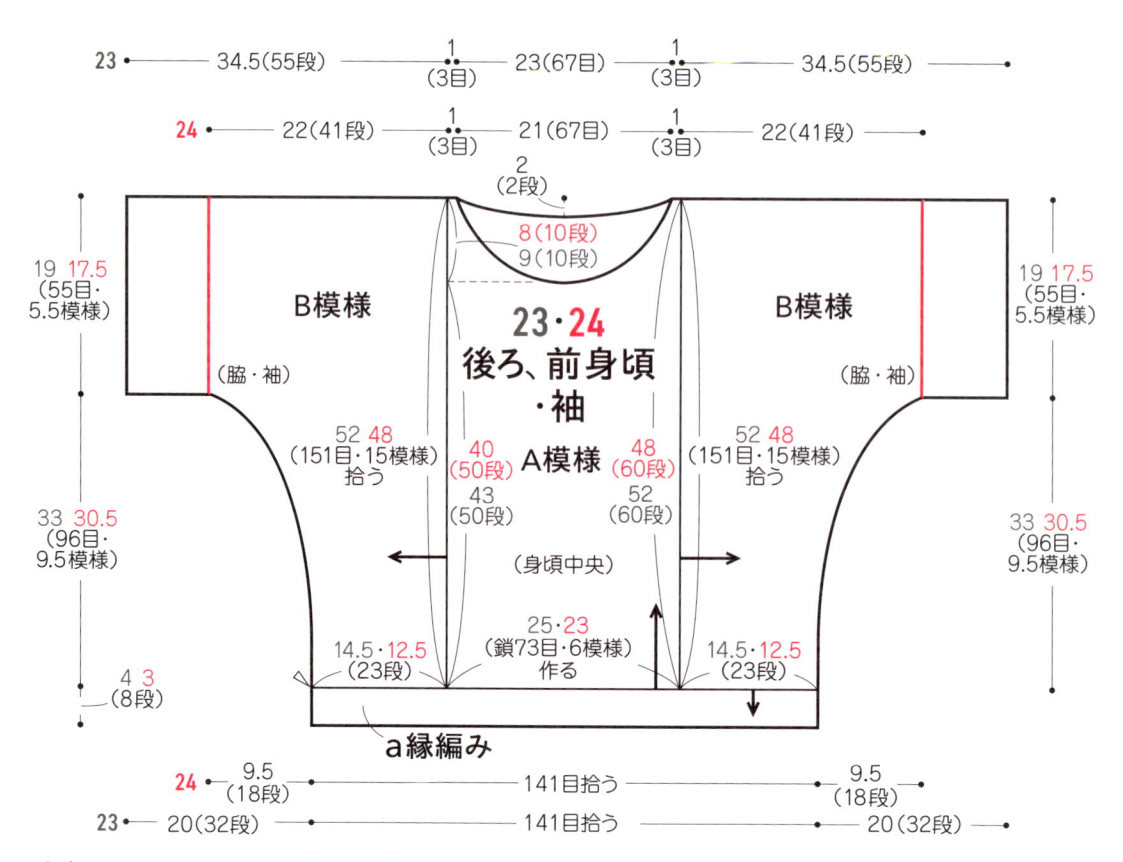

■文字の灰色は**23**、赤色は**24**、黒は共通です

# 23・24 後ろ、前中央の編み方図

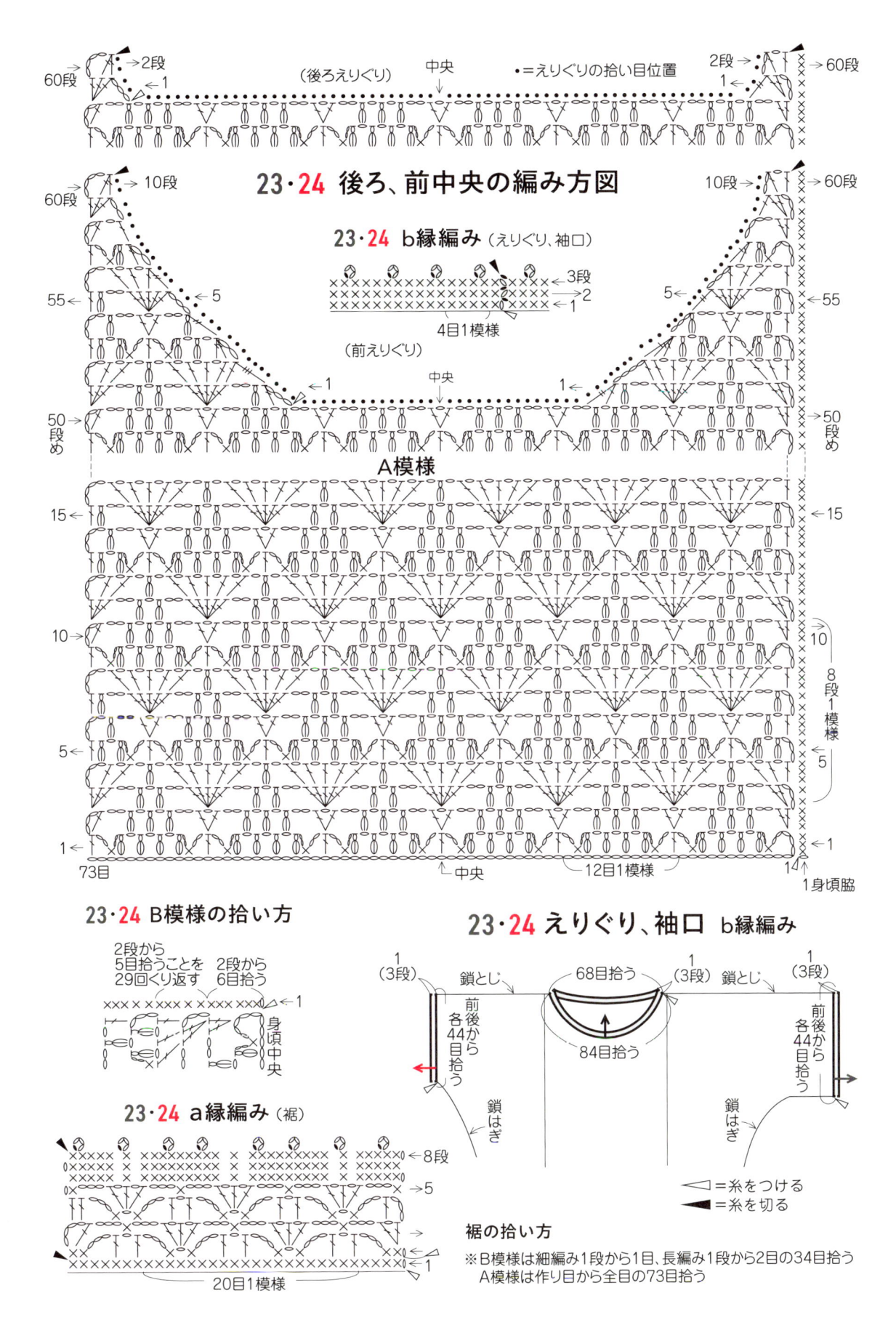

60段→ 2段 （後ろえりぐり）中央 ・=えりぐりの拾い目位置 2段 ←60段
60段→ 1 ← 1 →60段

## 23・24 b縁編み（えりぐり、袖口）

3段
2
←1
4目1模様

（前えりぐり）

60段→ 10段 中央 10段 →60段
60段→ ←55 55→
50段め ←1 中央 1→ 50段め

### A模様

15← →15
10→ 8段1模様 10
5← →5 5
1← →1

73目 └中央 12目1模様 14 1身頃脇

## 23・24 B模様の拾い方

2段から 5目拾うことを 29回くり返す 2段から 6目拾う

←1 身頃中央

## 23・24 えりぐり、袖口 b縁編み

1 （3段） 鎖とじ 68目拾う 1 （3段） 鎖とじ 1 （3段）
前後各44目から拾う 84目拾う 前後各44目から拾う
鎖はぎ 鎖はぎ

◁ =糸をつける
◀ =糸を切る

## 23・24 a縁編み（裾）

8段
5
1
20目1模様

### 裾の拾い方

※B模様は細編み1段から1目、長編み1段から2目の34目拾う
　A模様は作り目から全目の73目拾う

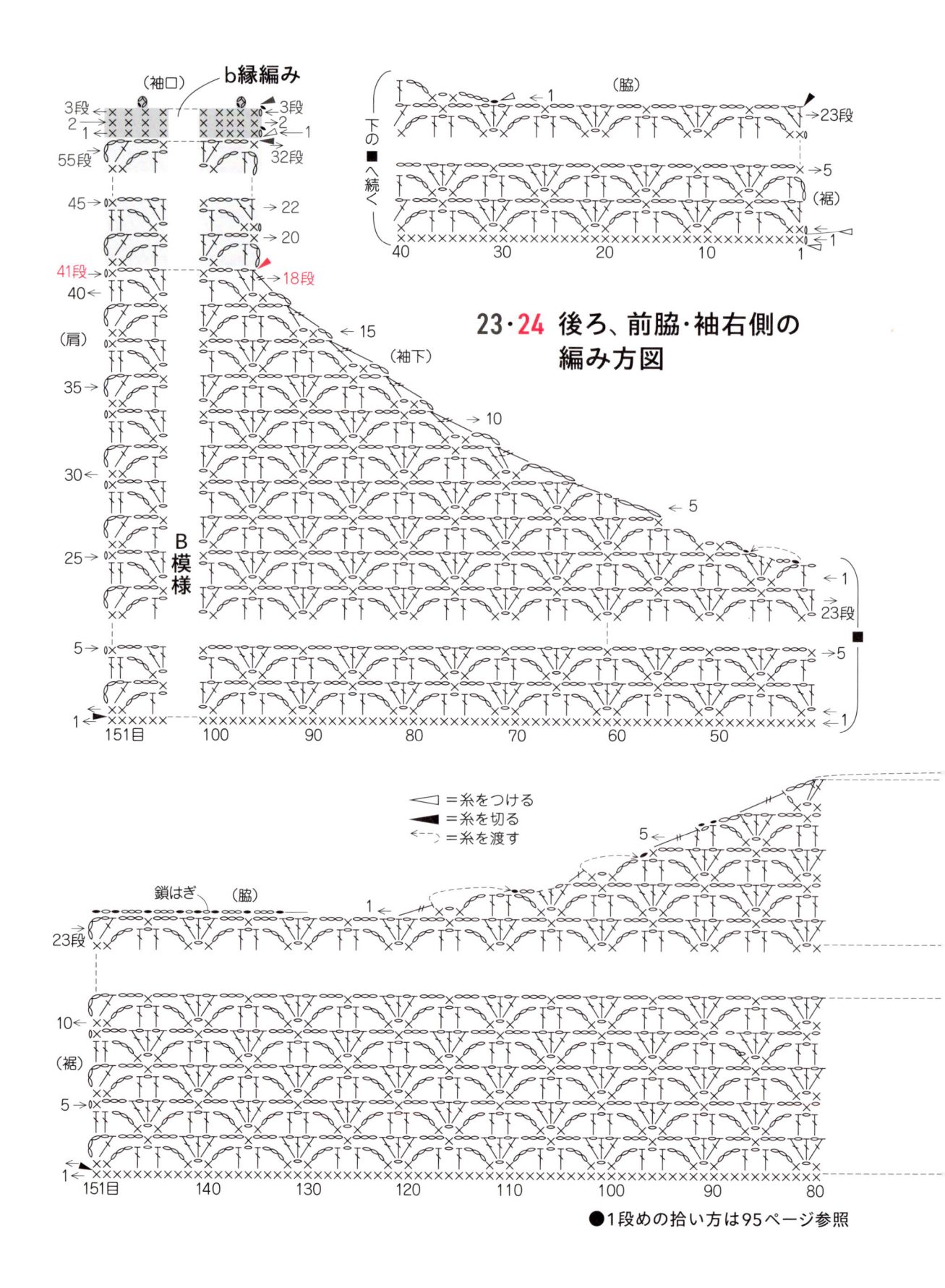

## 23·24 後ろ、前脇·袖右側の編み方図

（袖口）　b縁編み

=糸をつける
=糸を切る
=糸を渡す

●1段めの拾い方は95ページ参照

■文字の灰色は23、赤色は24、黒は共通です

# 23·24 後ろ、前脇・袖左側の編み方図

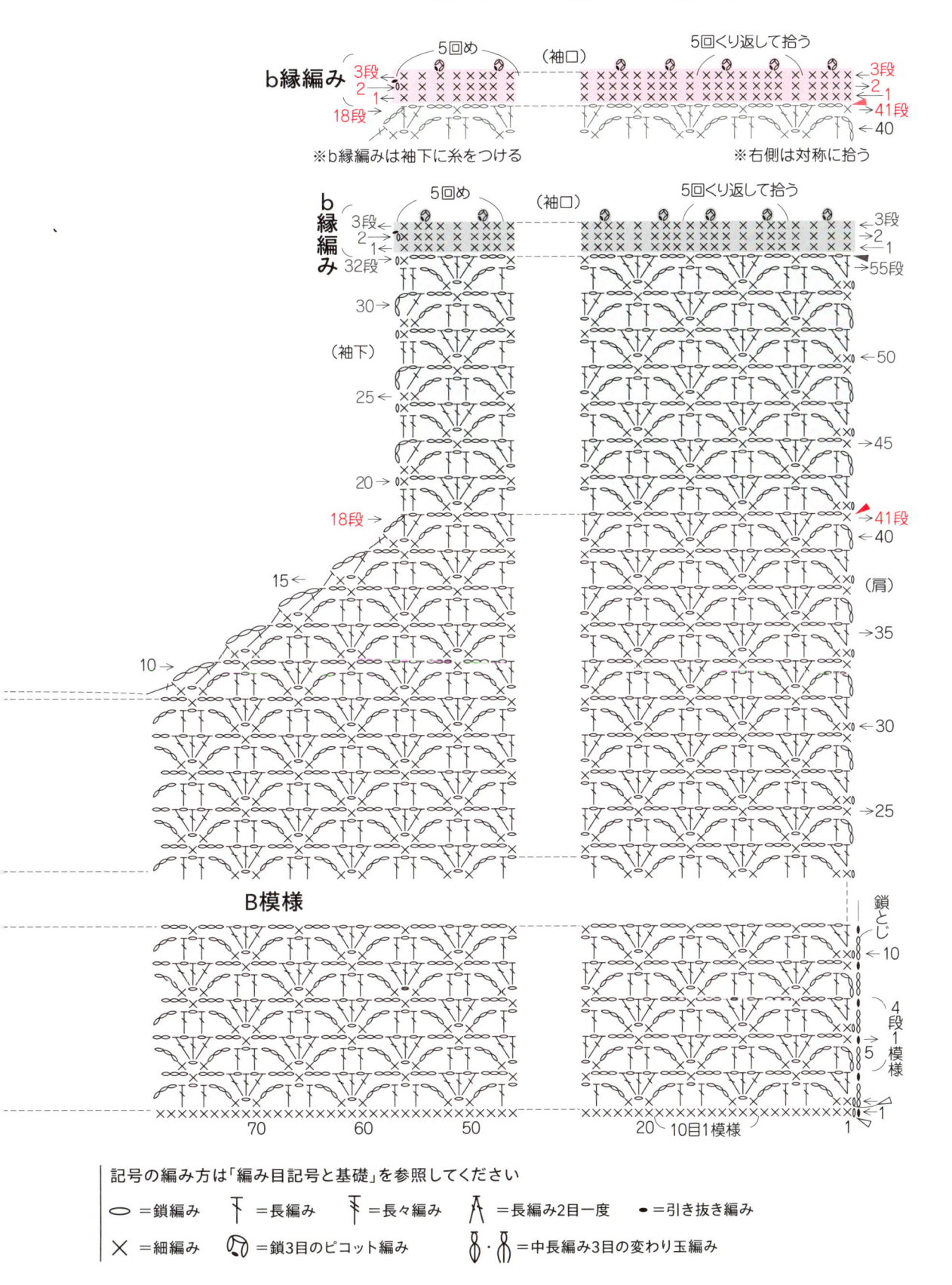

記号の編み方は「編み目記号と基礎」を参照してください

◯＝鎖編み　　Ｔ＝長編み　　Ｆ＝長々編み　　Ａ＝長編み2目一度　　●＝引き抜き編み

✕＝細編み　　＝鎖3目のピコット編み　　・＝中長編み3目の変わり玉編み

# no. 27, 28 ▶▶▶ P.44, P.45

## 材料と用具

糸／**27** 合太タイプのサマーヤーン（25g巻・約104m）のあじさい色を250g（10玉）

糸／**28** ユザワヤ ワンダーコットン（200g巻・約800m…中細タイプ）のブルー系段染め（13・廃色）を200g（1玉）

針／**27・28**共通 4/0号・3/0号かぎ針

## ゲージ 10cm四方

**27** A模様1模様（5〜12.6cm）6段（10cm）
B模様 25.5目11段

**28** A模様1模様（5〜12.2cm）6.5段（10cm）
B模様 26.5目11段

## でき上がり寸法

**27** 胸回り97cm 着たけ50cm
ゆきたけ46cm

**28** 胸回り93cm 着たけ52.5cm
ゆきたけ30.5cm

## 編み方要点

■ 前後ヨークは鎖編みの作り目をし、輪にしてA模様で編みます。

■ まちはヨークの指定位置に共糸で糸をつけて鎖11目を編み、ヨークに引き抜きます。

■ 前後身頃はまちの中央・ヨークの後ろ・まち・ヨークの前・残りのまちの順に目を拾ってB模様で増減なく輪の往復編みで編みます。続けて縁編みを編みます。

■ **27**の袖はまちの中央・ヨーク・残りのまちの順に目を拾ってB模様で目を減らしながら輪の往復編みで編みます。続けて縁編みを編みます。

■ **28**の袖ぐりはまちの中央付近・ヨーク・残りのまちの順に目を拾い、縁編みを編みます。

■ えりぐりは縁編みを輪の往復編みで編みます。

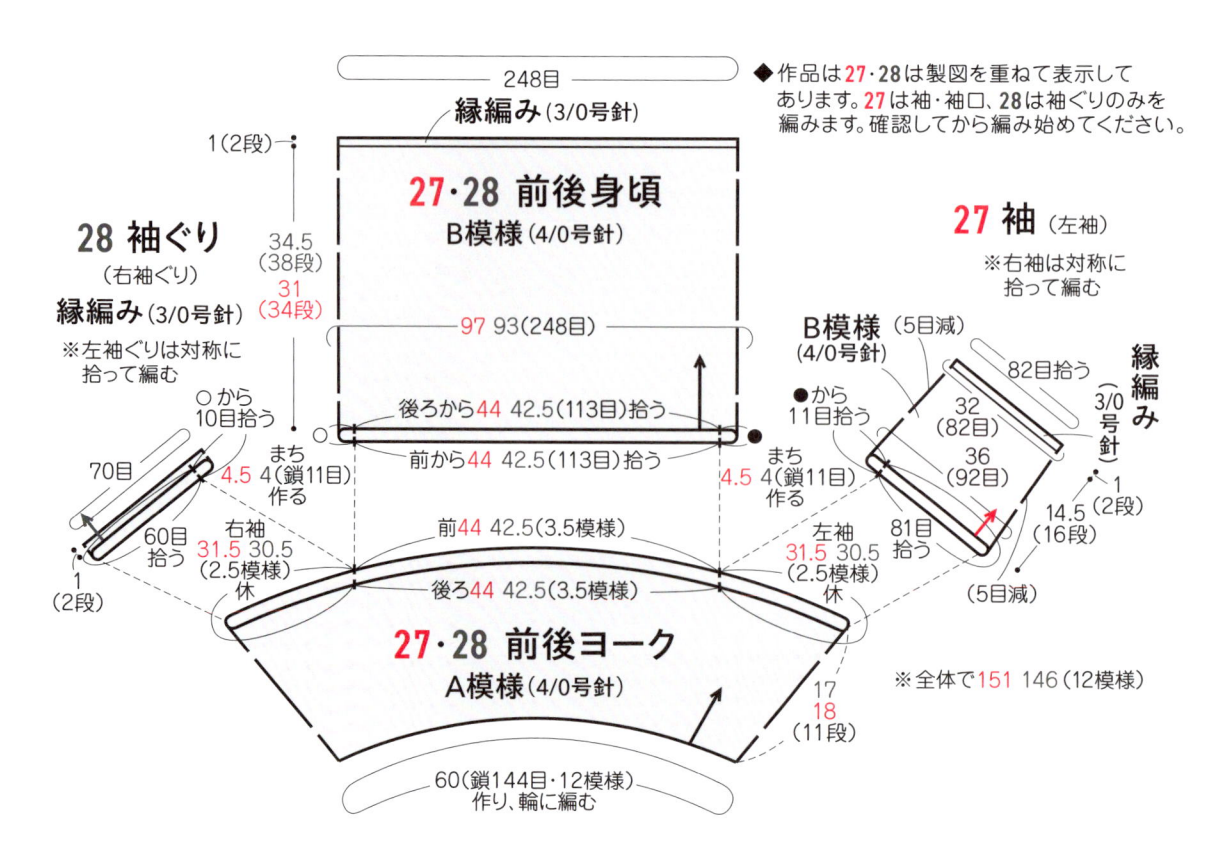

◆作品は**27・28**は製図を重ねて表示してあります。**27**は袖・袖口、**28**は袖ぐりのみを編みます。確認してから編み始めてください。

■文字の**赤色は27**、灰色は28、黒は共通です

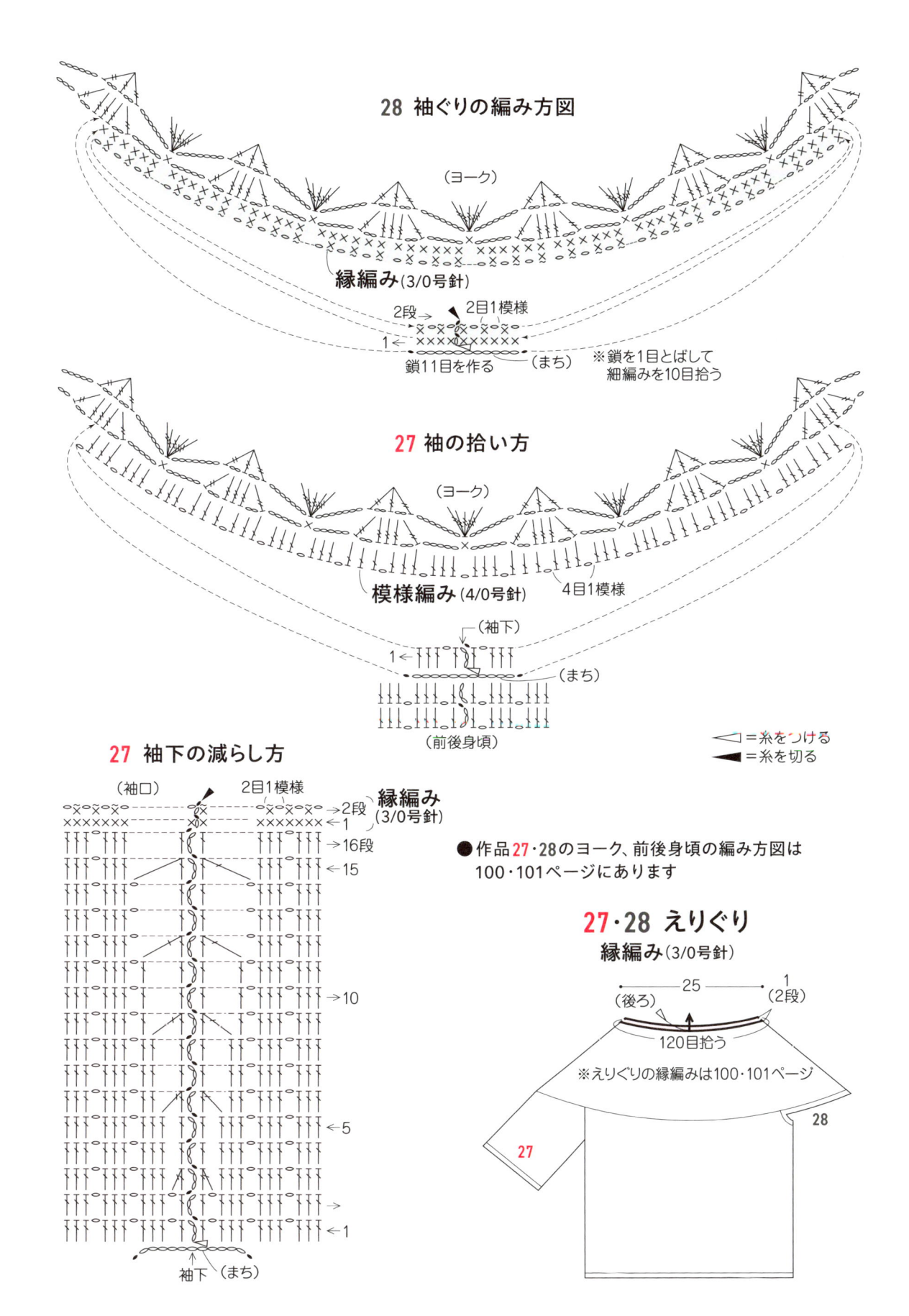

## 28 袖ぐりの編み方図

（ヨーク）

縁編み(3/0号針)

2段→　2目1模様

1←　×××××××××××

鎖11目を作る　（まち）

※鎖を1目とばして
細編みを10目拾う

## 27 袖の拾い方

（ヨーク）

模様編み(4/0号針)　4目1模様

（袖下）

1←

（まち）

（前後身頃）

◁──＝糸をつける

◀──＝糸を切る

## 27 袖下の減らし方

（袖口）　2目1模様　縁編み
（3/0号針）

→2段
←1

→16段
→15

→10

←5

→

←1

袖下（まち）

● 作品27・28のヨーク、前後身頃の編み方図は
100・101ページにあります

## 27・28 えりぐり

縁編み(3/0号針)

──── 25 ────　1
（後ろ）　　　　（2段）

120目拾う

※えりぐりの縁編みは100・101ページ

28

27

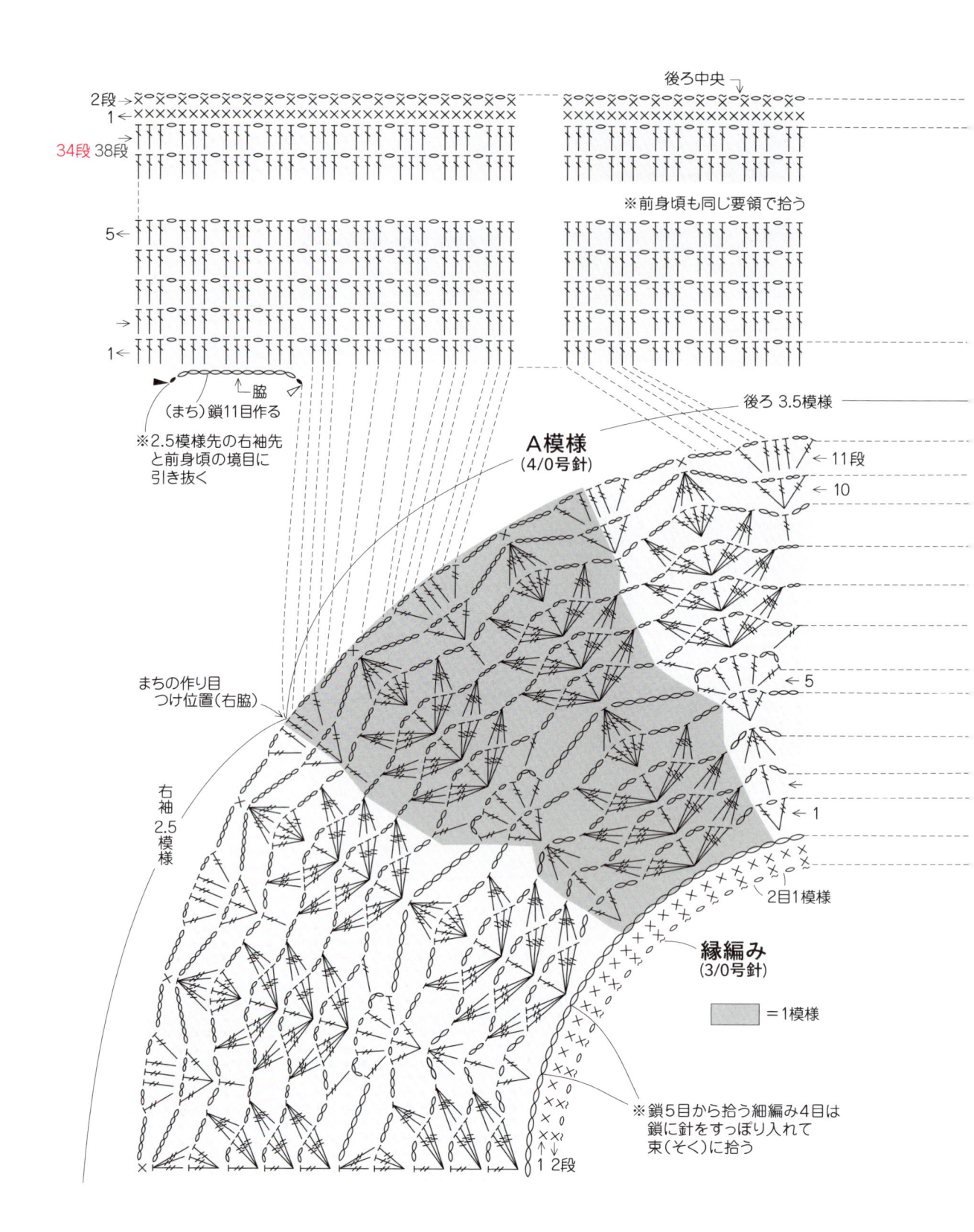

2段
1
34段 38段
5←
1←

後ろ中央→

※前身頃も同じ要領で拾う

脇
（まち）鎖11目作る

※2.5模様先の右袖先
と前身頃の境目に
引き抜く

まちの作り目
つけ位置（右脇）

右袖
2.5
模
様

後ろ 3.5模様

A模様
（4/0号針）

←11段
←10

←5

←1

2目1模様

縁編み
（3/0号針）

▨ ＝1模様

※鎖5目から拾う細編み4目は
鎖に針をすっぽり入れて
束（そく）に拾う

1 2段

■文字の赤色は27、灰色は28、黒は共通です

# 27・28 前後身頃の編み方図

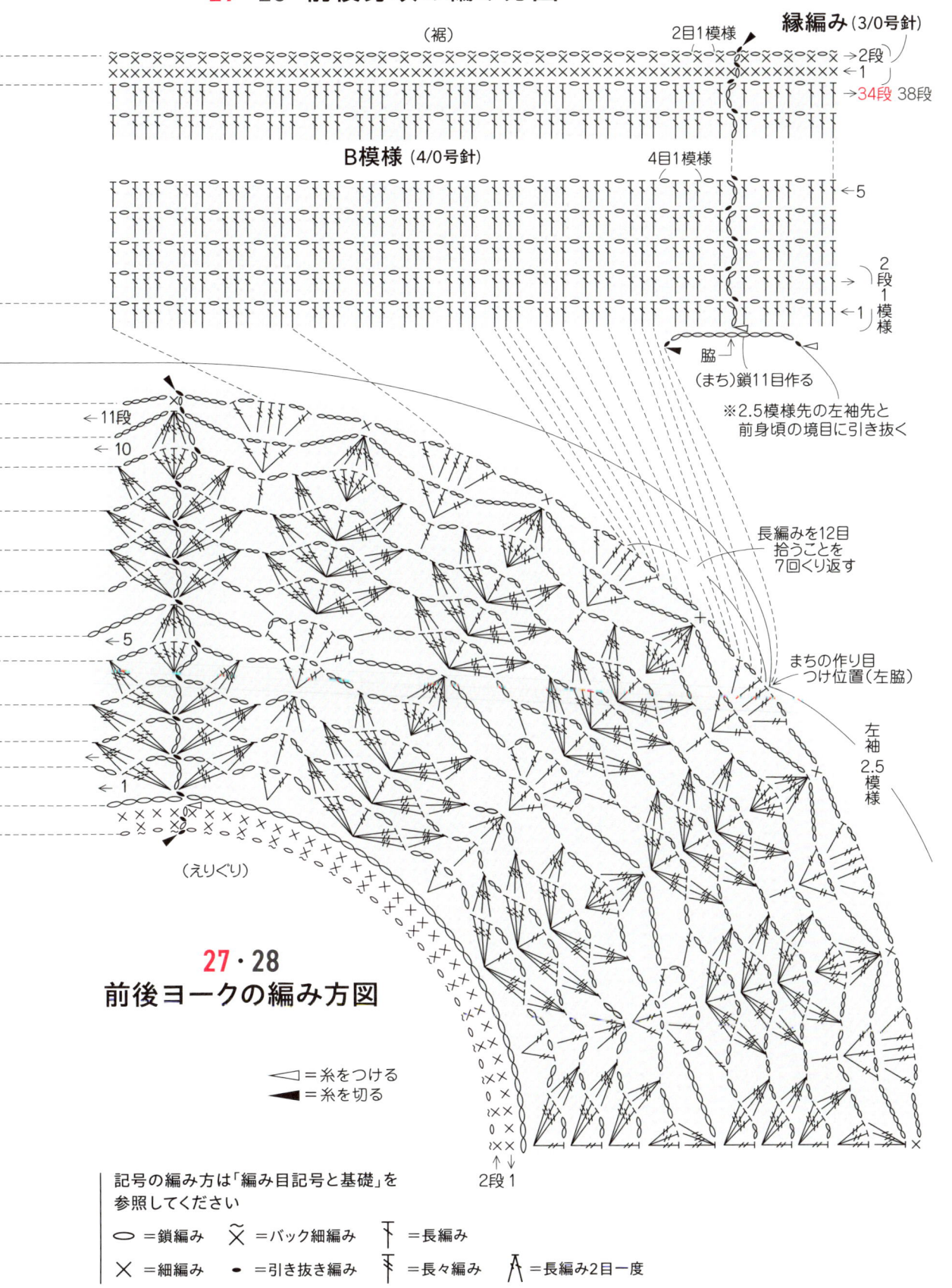

**縁編み**（3/0号針）

（裾）　2目1模様　→2段
←1
→34段　38段

**B模様**（4/0号針）　4目1模様

←5
2段1模様
←1

脇
（まち）鎖11目作る

※2.5模様先の左袖先と前身頃の境目に引き抜く

長編みを12目拾うことを7回くり返す

まちの作り目つけ位置（左脇）

左袖2.5模様

←11段
←10
←5
←1

（えりぐり）

## 27・28 前後ヨークの編み方図

◁＝糸をつける
◀＝糸を切る

2段 1

記号の編み方は「編み目記号と基礎」を参照してください

◯＝鎖編み　　⤳＝バック細編み　　†＝長編み

✕＝細編み　　•＝引き抜き編み　　‡＝長々編み　　人＝長編み2目一度

# no. 29, 30 ▶▶▶ P.46, P.47

## 材料と用具

糸／**29** アトリエ K'sK　オーツ（40g巻・約120m…中細タイプ）の 14（ブルー系ミックス）を 315g（8玉）

糸／**30** アトリエ K'sK　オーツ（40g巻・約120m…中細タイプ）の 16（ピンク系ミックス）を 230g（6玉）

針／**29・30** 共通　4/0号・3/0号かぎ針

## ゲージ 10cm四方

**29・30** 共通　パネル1枚 52×52cm

**29**　模様編み 25目 5.5段

## でき上がり寸法

**29** 胸回り 104cm　着たけ 53cm
　　ゆきたけ 49cm

**30** 胸回り 104cm　着たけ 53cm
　　ゆきたけ 27.5cm

## 編み方要点

■ 後ろは糸輪の作り目をし、図を参照してパネルを輪に編みます。**29** は袖つけどまり、**30** は袖あきどまりに糸印をつけます。

■ 前は後ろと同じ要領で編みますが、13段めの最後は鎖3目を編んで編み始め側の鎖2目めに引き抜いて糸を切ります。指定の位置に糸をつけ、残り2段を往復に編んでえりぐりを作ります。

■ 肩は鎖はぎで合わせます。**29** の袖は前後身頃から目を拾い、模様編みを増減なく編みます。

■ 脇は鎖はぎ、**29** の袖下は鎖とじで合わせます。

■ えりぐり、裾、**29** の袖口は a 縁編みを、**30** の袖ぐりは b 縁編みをそれぞれ輪に編みます。

## 29・30　後ろ、前身頃
### パネル（4/0号針）

◆製図 **29・30** は後ろ、前を重ねて表示してあります。身頃は作品 **29・30** とも目数・段数は同じに編みます。

- 14.5（36目）
- 23（59目）
- 14.5（36目）

後ろえりぐり
4（2段）

22（13段）

26（15段）

26（15段）

21（52目）

31（79目）

52（131目）

52（131目）

袖あきどまり 袖つけどまり（左右）

記号の編み方は「編み目記号と基礎」を参照してください

- ⌒ ＝鎖編み　　✕ ＝細編み
- ┬ ＝長編み　　┬ ＝長々編み
- ＝長々編み2目の玉編み
- ・ ＝長々編み3目の玉編み
- ＝六つ巻き長編み
- ＝八つ巻き長編み
- ・ ＝引き抜き編み

● 後ろ、前身頃の編み方図は 104・105ページにあります

■文字の灰色は**29**、赤色は**30**、黒は共通です

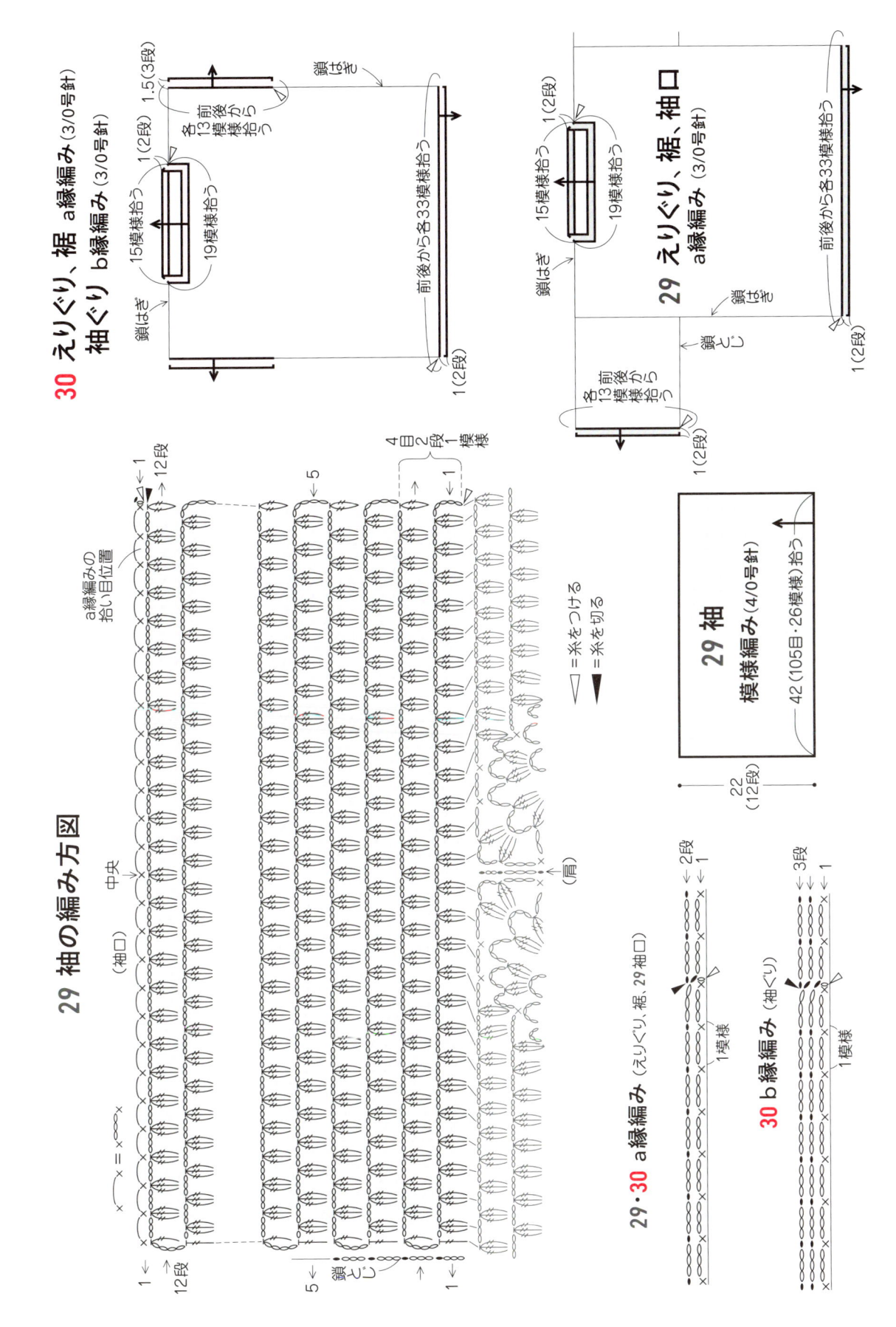

## 29・30 後ろ、前身頃の編み方図

■文字の灰色は**29**、**赤色は30**、黒は共通です

# 編み目記号と基礎

## ⬭ 鎖編みの作り目

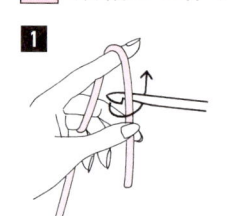 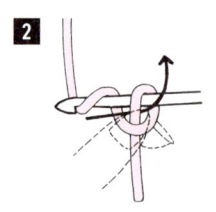 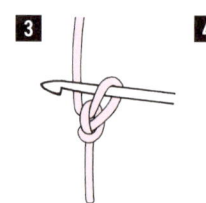 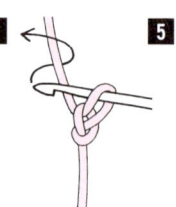 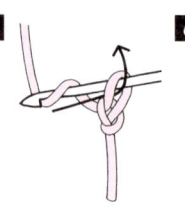 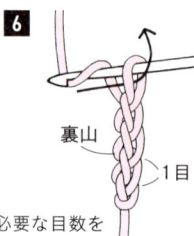

**1** かぎ針を糸の向こう側におき、6の字を書くように回して、糸輪を作る

**2** 糸輪の交差したところを左中指と親指で押さえ、針に糸をかけて引き出す

**3** 引き出したら、糸輪をきつく締める（この目は1目と数えない）

**4** 矢印のように針に糸をかける

**5** 編み糸を引き出す。**4**・**5**をくり返す

**6** 必要な目数を編んで作り目にする

## 糸輪の作り目 ●図は細編みの場合。編み目が違っても同様に編む

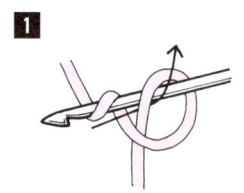 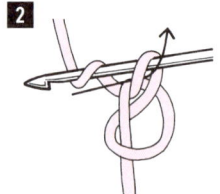 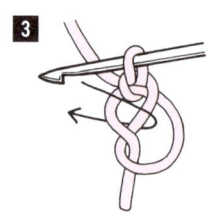 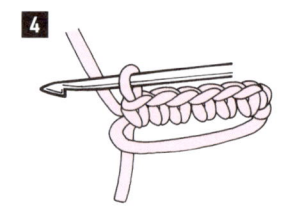 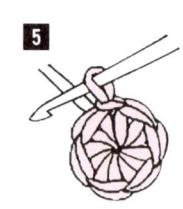

**1** 鎖編みの作り目**1**・**2**と同じ要領で糸輪を作り、針に糸をかけて引き出す

**2** 続けて針に糸をかけて引き出し、立ち上がりの鎖1目を編む

**3** 矢印のように糸輪の中に針を入れてすくい、1段めの細編みを編む

**4** **3**をくり返して糸輪の中に細編みを必要目数編み入れる。糸端は糸輪に沿わせ、一緒に編みくるむ

**5** 編み始めの糸端を引き、糸輪を引き締める。1目めの細編みの頭に引き抜いて輪にする

## 作り目からの目の拾い方
●特に指定のない場合は好みの拾い方にする

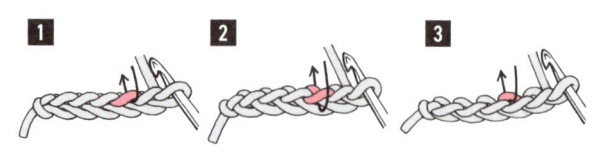

鎖半目を拾う

鎖半目と裏山を拾う（鎖編みを少しゆるめに編む）

鎖の裏山を拾う（鎖編みを少しゆるめに編む）

## ✕ 細編み

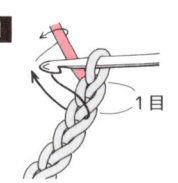 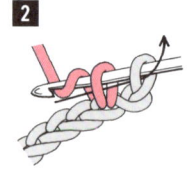 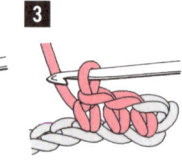

**1** 立ち上がりの鎖1目をとばした次の目に針を入れ、糸をかけて引き出す

**2** もう一度針に糸をかけ、針にかかっている2ループを一度に引き抜く

**3** 以上をくり返して、必要目数を編む

## 中長編み

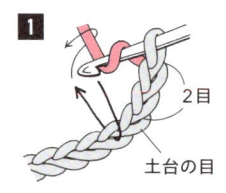 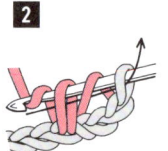 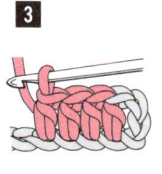

**1** 立ち上がりの鎖2目と土台の1目をとばした次の目に、糸をかけた針を矢印のように入れ、針に糸をかけて引き出す

**2** もう一度針に糸をかけ、針にかかっている3ループを一度に引き抜く

**3** 以上をくり返して、必要目数を編む

## 長編み

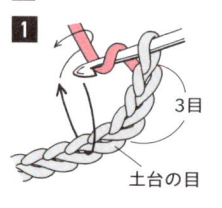 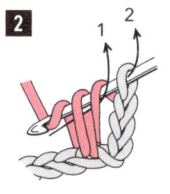 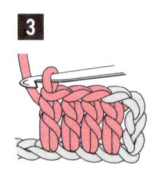

**1** 立ち上がりの鎖3目と土台の1目をとばした次の目に、糸をかけた針を矢印のように入れ、再び針に糸をかけて引き出す

**2** もう一度針に糸をかけ、針にかかっている2ループを引き抜く。2ループずつ引き抜くことを2回くり返す

**3** 以上をくり返して、必要目数を編む

## 長々編み

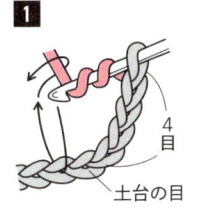

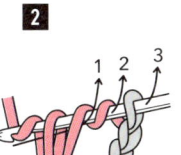

立ち上がりの鎖の目4目と土台の1目をとばした次の目に、糸を2回かけた針を矢印のように入れ、針に糸をかけて引き出す

もう一度針に糸をかけて、2ループずつ引き抜くことを3回くり返す

以上をくり返して、必要目数を編む

## 長編み3目の玉編み ●目数が変わっても同じ要領で編む

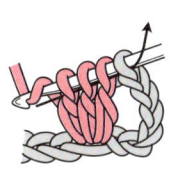

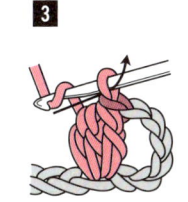

長編みの最後の引き抜きをしない未完成の長編みを同じ目に3目編む

針に糸をかけて、4ループを一度に引き抜く

長編み3目の玉編みが編めたところ

## 長編み2目一度 ●減らす目数が増えても同じ要領で編む

〈左側〉

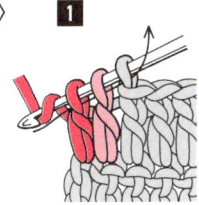

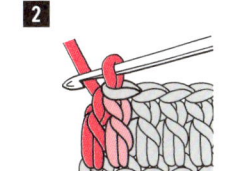

前段左端から2目残すところまで編む。針に糸をかけて次の目を拾い、2ループを1回引き抜く。さらに左端の目も同様にして編むと3ループが残る

針に糸をかけ、3ループを一度に引き抜く。1目が減ったところ

〈右側〉

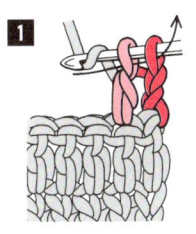

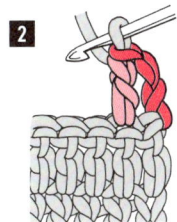

前段が編めたら編み地の向きをかえ、鎖2目（もしくは3目）で立ち上がる。長編み2の要領で編む

2目一度になり、1目が減ったところ

## 長編み2目（増し目）

●目数が増えても同じ要領で編む

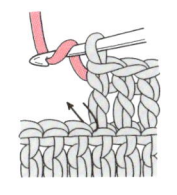

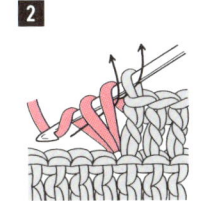

長編みを1目編んだら針に糸をかけ、もう一度同じ目に手前側から針を入れる

糸を引き出し、長編みをもう1目編む

## うね編みとすじ編み ●図は細編み。長編みの場合も同じ要領

●うね編み

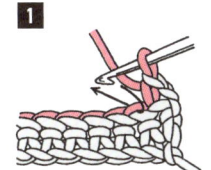

●すじ編み

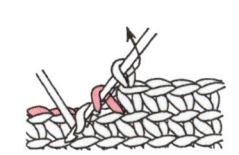

前段の向こう側半目をすくう。うね編みとすじ編みは記号が同じですが、うね編みは往復編み、すじ編みは一方向（輪）に編む

## 細編み2目（増し目）

●目数が増えても同じ要領で編む

前段の1目に細編みを2目編み入れ、目を増す

1目が増えたところ

## 細編み2目一度 ●目数が増えても同じ要領で編む

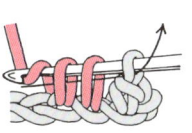

前段から1目ずつ2回糸を引き出す

針に糸をかけて、針にかかっている3ループを一度に引き抜く

細編み2目一度が編めたところ

## ⊠ バック細編み

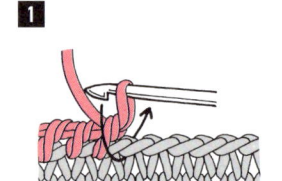

左から右へ編む。前段に
矢印のように針を入れる

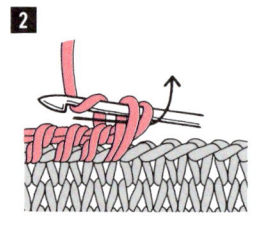

糸を引き出し、針に糸をかけて
2ループを一度に引き抜く

## ⌇ 三つ巻き長編み

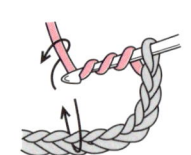  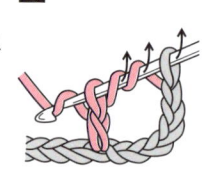

立ち上がりの鎖5目と土台の1目をとばした次の目に、糸を3回
かけた針を矢印のように入れて糸を引き出し、2ループずつ4回
引き抜く

## ⌀ 中長編み3目の変わり玉編み
● 目数が変わっても同じ要領で編む

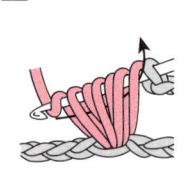  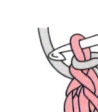 

針に糸をかけて引き出すことを3回くり返し、針にかかってい
る6ループを一度に引き抜く。続けて、針にかかっている2ル
ープを一度に引き抜く

## ⌗ 鎖3目のピコット編み

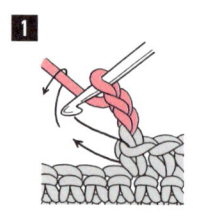 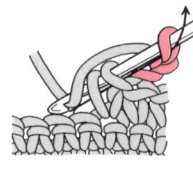 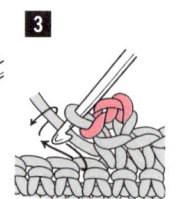

ピコットをする位置で
鎖3目を編み、矢印の
ように針を入れる

針に糸をかけて一
度に引き抜くと、丸
いこぶができる

指定の間隔でピ
コットをくり返す

## ろ 表引き上げ編み
● 図は長編み。編み目が変わっても同じ要領

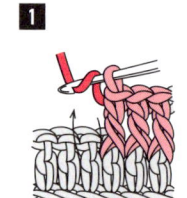  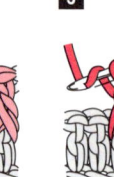

針に糸をかけ、前段の編み目に手前から針を入れて横にすく
い、糸を長めに引き出す。針に糸をかけて2ループを引き抜き、
もう一度針に糸をかけて2ループを引き抜く

## ぞ 裏引き上げ編み
● 図は長編み。編み目が変わっても同じ要領

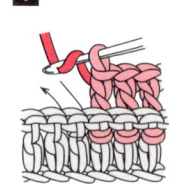 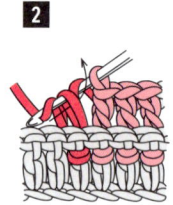 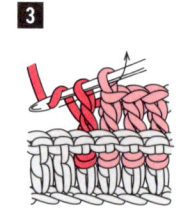

針に糸をかけ、前段の編み目に向こう側から針を入れて横にす
くい、糸を長めに引き出す。針に糸をかけて2ループを引き抜き、
もう一度針に糸をかけて2ループを引き抜く

## 巻きはぎ（巻きかがる）

[1目]　　　　　　　　[半目]

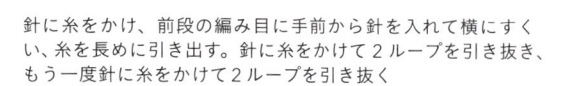
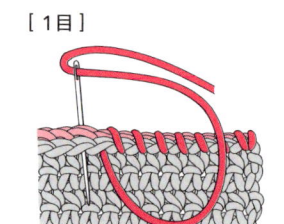

前側と向こう側の目（作品により、1目か半目）を
すくうことをくり返す

## ● 引き抜き編み

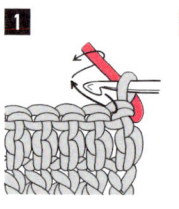 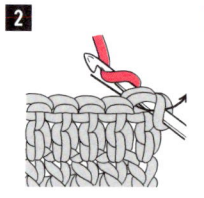 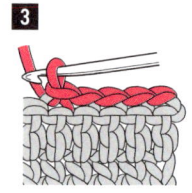

立ち上がりの鎖の
目はありません。
編み終わりの目に
針を入れる

針に糸をかけ、
一度に引き抜く

以上をくり返す

## 巻きとじ

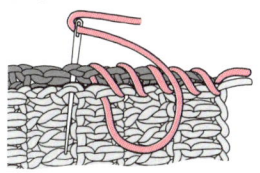

2枚の編み地を中表に合わせ、編み目をそろえる。針を向こう側から手前に出し、長編みの中間と頭の目を交互に、編み地がずれないように注意しながらとじる

## 引き抜きはぎ

**1**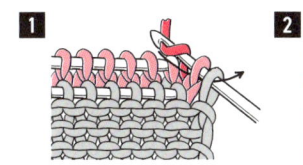

編み地を中表に合わせ、手前側と向こう側の1目をかぎ針に移し、糸をかけて2目を一度に引き抜く

**2**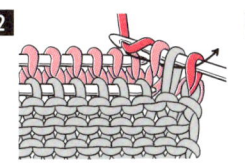

続けて**1**の要領で2目を移し、糸をかけて3目を一度に引き抜く

**3**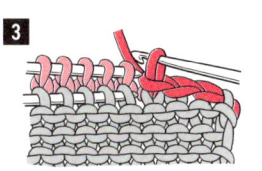

**2**をくり返す。最後は、かぎ針にかかったループに糸端を引き抜く

## すくいとじ　●すくいはぎは目と目をはぐ

**1** **2**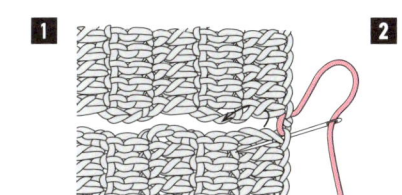

2枚の編み地を外表に突き合わせ、端の目をとじ分とする。端の1目の中間と頭を交互にすくって糸を引き、段がずれないように注意してとじる

## 鎖とじ

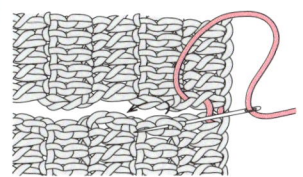

編み地を中表に合わせ、鎖3目（作品によって調整する）を編んでは引き抜き（もしくは細編み）編みをくり返す

## モチーフのつなぎ方

### ● 引き抜き編みでつなぐ場合

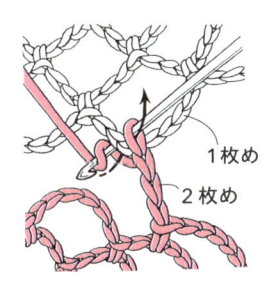

1枚めのモチーフを編む。2枚めは指定位置で1枚めに上から針を入れ、引き抜き編みをきつめに編む。次の目からは図のとおりに編み進む

1枚め
2枚め

### ● 巻きはぎでつなぐ場合

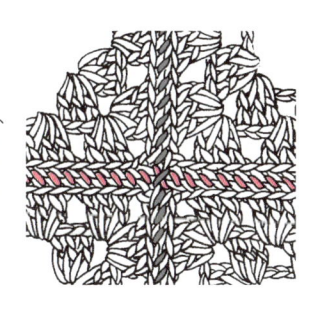

モチーフどうしを突き合わせ、向かい合った目をすくってひと針ごとに糸を引く。横方向を全部つなぎ、次にたて方向をつなぐ。すべて同色でつなぐ場合は、4枚のモチーフ中央は図のように針を入れると穴があかずによい

## 配色糸のかえ方

**1**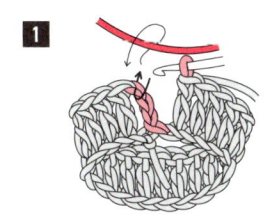

**2** 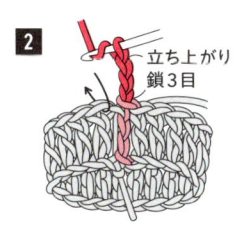　立ち上がり鎖3目

**3**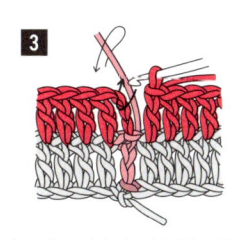

長編み最後の引き抜きをするときに配色糸にかえて引き抜き、次の段の立ち上がり鎖3目を編む。地糸に戻すときは休めておいた糸を持ち上げて地糸で引き抜く

## 記号の見方
（目を割る・束に拾う）

### ● 根元がついている場合

 =

前段の鎖の目を割って針を入れて編む

### ● 根元が離れている場合

 =

前段の鎖の目を割らずにループ全体を束（そく）に拾って編む

## [←--] 糸を渡す

**1**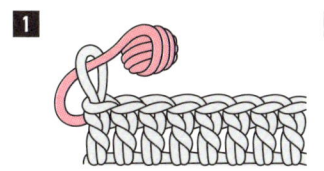

**2** 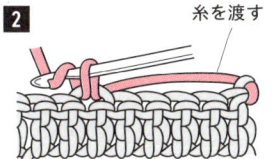　糸を渡す

編み終わりのループに糸玉を通し、糸玉を引いてループを引き締める。糸を渡して次の段を編む

## 一般的な作り目（指に糸をかける）

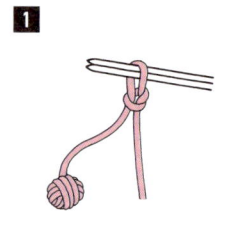

**1**

編み幅の約3.5倍の糸端を
残して糸輪を作り、棒針に
かけて1目めを作る

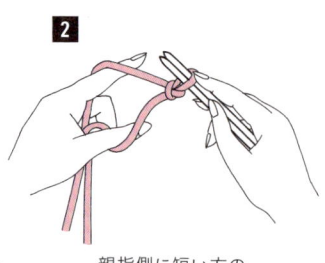

**2**

親指側に短い方の
糸端をかける

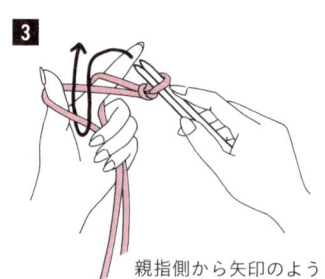

**3**

親指側から矢印のように
棒針を入れる

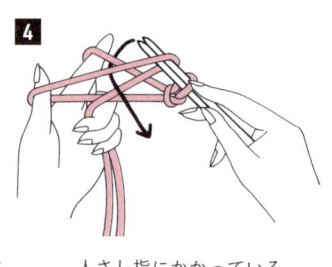

**4**

人さし指にかかっている
糸を棒針ですくう

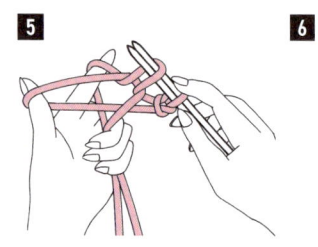

**5**

糸を引き出す

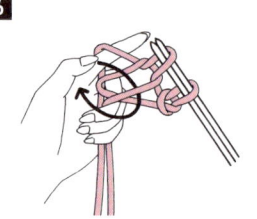

**6**

親指をはずして矢印のように
親指を入れ直して糸を引く

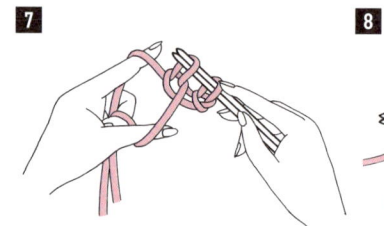

**7**

3目め以降も同様に **3**〜**6** をくり返す

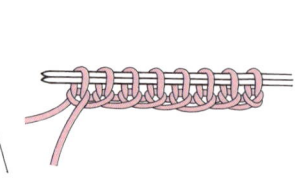

**8**

必要目数を作る

---

### Ⅰ 表目

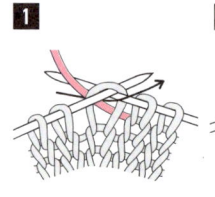

**1**

編み糸を向こう側に
おいて左針の目に右
針を手前から入れ、
右針の先に糸を下か
ら上にかける

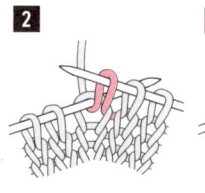

**2**

左針の目のループ
の中から編み糸を
手前に引き出す

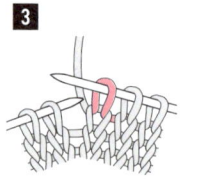

**3**

引き出したループ
は右針に移り、左
針の目をはずして
できた編み目が表
目になる

### ― 裏目

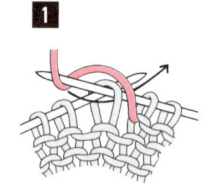

**1**

編み糸を手前におい
て左針の目に右針を
向こう側から入れ、
右針の先に糸を上か
ら下にかける

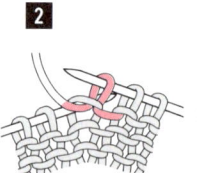

**2**

左針の目のルー
プの中から編み
糸を向こう側に
引き出す

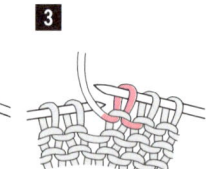

**3**

引き出したループ
は右針に移り、左
針の目をはずして
できた編み目が裏
目になる

---

## すくいとじ（ゴム編みから編み始めた場合）

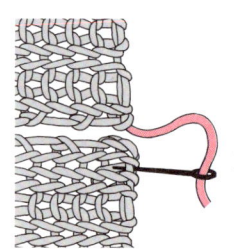

**1**

編み地を突き合わ
せにし、残ってい
る糸端をとじ針に
通す。糸端のない
側の1目と2目の
間に渡っている横
糸をすくう

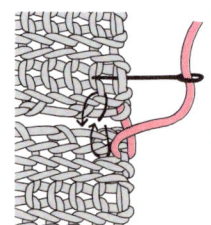

**2**

次からも1目と
2目の間に渡って
いる糸を交互に
すくう

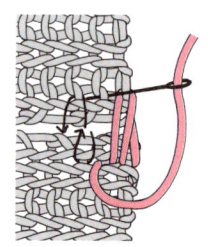

**3**

1段ずつすくって
糸を引きしめる。
ゴム編みはやや縦
に伸びるので、と
じ糸は引きぎみに
する

##  伏せ目・伏せどめ

### 〈表側〉

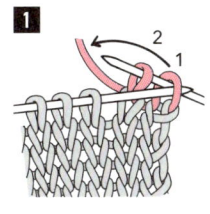
表目で2目編む。
1の目を2の目に
かぶせる

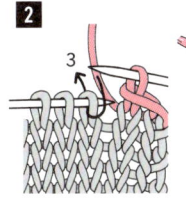
3の目を表目で
編み、**1**と同様
にかぶせる

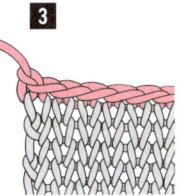
表目を編んでは
かぶせることを
くり返す

### 〈裏側〉

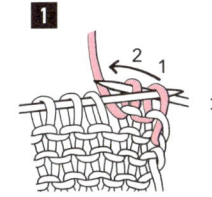
裏目で2目編む。
1の目を2の目に
かぶせる

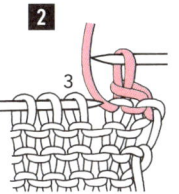
3の目を裏目で
編み、**1**と同様
にかぶせる

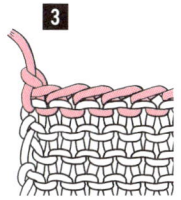
裏目を編んでは
かぶせることを
くり返す

## 輪の1目ゴム編みどめ

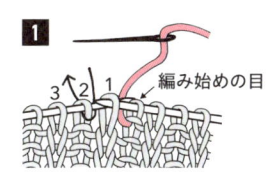
右の棒針に1の目を移し、
2の目に手前側からとじ
針を入れる

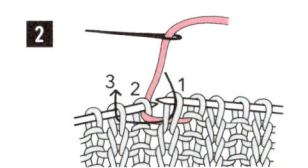
1の目の手前から針を入れ、
2の目をとばして3の目の向
こう側から手前に針を出す

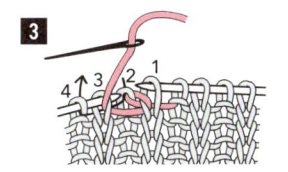
とばした2の目に向こう側
から針を入れ、4の目の手
前から向こう側に針を出す

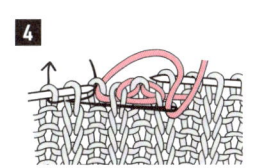
**2**・**3**をくり返す

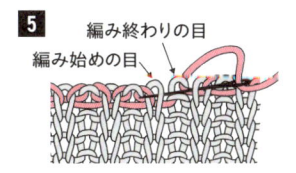
1周して、とめ終わりは最初の
表目に針を入れる

編み終わりの目と2の裏目に
針を入れて、とめ終わる

## 配色糸のかえ方<br>（たてに糸を渡す場合）

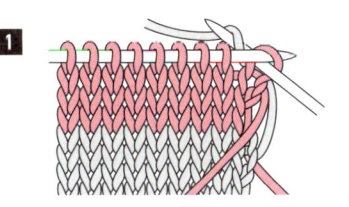

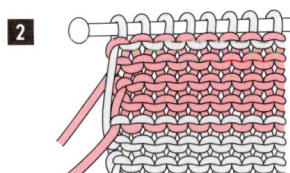

指定の段数で休ま
せておいた糸を下
から持ち上げ、交
差させて編む

## ボタンのつけ方

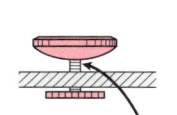
編み地の厚さだけ
足をつける

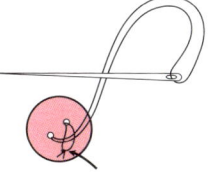
裏側で結び目に
通してとめる

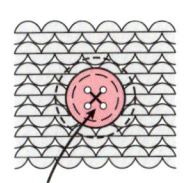
表のボタンより少し小さめのボタンか
プラスチックボタンを裏にあてる

あらい編み目のニットは、編み地の
糸が引っぱられやすいので、裏に力
ボタンをあてたボタンのつけ方が、
しっかりきれいにつきます。表側の
ボタンの裏側は作品の編み地の厚さ
分だけ、糸で巻いて足をつけるよう
にします。また、薄手のものや、編
み地のややきつめのものでしたら、
力ボタンをつけなくてもよいでしょ
う。ボタンつけ位置の編み地1目分
をすくい、足を同じようにつけます。

■ カバー
デザイン　柿沼みさと

■ 本文
デザイン　柿沼みさと
撮影　　　伊藤ゆうじ　澤﨑信孝
　　　　　関根明生　三浦 明
モデル　　麻宮彩希　植田紗々
　　　　　Kanoco KATE
　　　　　ケリータケナカ　シミズマイラ
　　　　　春菜メロディー
　　　　　原 裕美子　姫川セリーヌ
　　　　　マリー クレア

■ 企画・編集
荷見弘子・丸尾利美

■ 編集担当
尾形和華（成美堂出版編集部）

本書は、先に発行の「手編み大好き！」の中から、特に好評だったかぎ針編みの作品をまとめて再編集した一冊です。

## やさしく編んで、上手に着こなす かぎ針編みの春夏ニット

編 者　成美堂出版編集部
発行者　深見公子
発行所　成美堂出版
　　　　〒162-8445　東京都新宿区新小川町 1 - 7
　　　　電話(03)5206-8151 FAX(03)5206-8159
印 刷　株式会社DNP出版プロダクツ